浜 矩子
hama noriko

人はなぜ税を払うのか

超借金政府の命運

東洋経済新報社

まえがき

人はなぜ「税金」を払うのか。これが本書のテーマである。拙著の『洗脳された日本経済』（2018年12月・日本文芸社刊）の中でも取り上げた話題だ。常々、筆者の頭の中を徘徊している問いかけである。本書で、少し本格的にこの問題に取り組んでみたいと思う。

人は税金を払う。だが、税金を払いたくない。いや、順序が逆かもしれない。人は税金を払いたくない。だが、人は税金を払う。むろん、税金を払わない人はたくさんいる。いかにして税金を払わないで済ませるか。このことに、昔も今も、洋の東西を問わず、人々は多くの時間と知恵を費やして来た。

だが、税金を払わないというこの行為には、犯罪性やそれに限りなく近いごまかしがつきまとう。つまり、税金は払うのがまともな行動で、それを免れようとするのは、基本的にまともな行動ではないということになっている。この通念を正当づける原理は何なのか。どうも、このことが、これまた古今東西あまりしっかり説明されていないように思う。

だからこそ、人々は出来れば税金を払わずに済ましたくなる。完璧に納得の行く支払いなら、人々はそれに喜んでとは言わないまでも、腹を決めてすんなり応じるだろう。だが、税金については、この納得性がいまひとつ確立していない感がある。そして、これはとてもまずいことなのではないか。筆者はそう思う。

税金の必要性について総体的な合意が確立していない。そのような経済社会は、結局のところ、自壊に向かうのではないか。これが筆者の直感だ。この直感は、果たして正しいか。この点を、本書を通じて検証して行きたいのである。

税金については、古来、多くの論客やセレブたちが実にいろいろなことを言っている。筆者のお気に入りナンバーワンが、次の名言だ。「強い酒には注意が必要だ。一杯やると徴税人に向かって発砲することになる。しかも手元が狂って撃ち損じる。」（翻訳筆者、以下同様）かのSF界のスーパースター、ロバート・A・ハインラインの置き土産だ。前出の『洗脳された日本経済』でも引用している。

他にもまだまだある。古いところでは、古代ギリシャの大哲学者、プラトンいわく、「所得税が課せられると、所得が同じでも正義の者の方が不正義者より多額を払うことになる。」こう言われると、今の世の中でも耳が痛い向きがおいでになりそうだ。この言葉からみる限り、大哲学者は税金を良きもので払うべきものだと考えていたようである。これに対して、同じ大哲学者でも、東洋に渡ると少々違う。中国は春秋戦国時代の老子大先生は次のように言っておいでだ。「人々が飢えている。それは、権力者たちが税金を貪り食らい過ぎるからである。」これには、「そうだ、そうだ！」と今日の大向こうからもサポートの声が上がりそうだ。西のプラトン先生の税金性善説に対して、東の老子先生の税金観は微妙だ。万事は、税金を取る者たちの心構え次第だと言いたげである。

まったくなんの微妙さもなく、「良い税金などというものは存在しない」と言い切っている人もいる。その人は、何と、かのウィンストン・チャーチルだ。イギリスが世界に誇る歴史的な大政治家である。この人が混じりけなしの税金性悪説派だったとは驚きだ。

彼はさらに次のようにも言っている。「一国が税金を取ることを通じて豊かになることを目論むとすれば、それは、バケツの中に立っている男がそのバケツの取っ手をつかんで自分を持ち上げようとするようなものだ。」何とも奇妙な光景だ。こんなイメージを振りかざしてみせながら、「ゆりかごから墓場まで」の福祉大国づくりを目指したとは、一体どういうことだろう。福祉サービスの使用料は税金という形で徴収してはダメだということなのか。この辺り、ちょっと気になる。いつものように、頭の中に「脳内付箋」を立てておこう。

いささか謎めいたチャーチル発言だが、彼の税金性悪説には、これまた驚くべきサポーターがいる。その人は、かのジョン・メイナード・ケインズだ。ケインズ先生についても、多くを語る必要はないだろう。彼なくして、経済学の今日はない。その大先生の税金に関するお言葉は次の通りだ。「知的探求の中で報酬をもたらすものがあるとすれば、それは租税回避しかない。」節税は儲かるというわけだ。

この言い方の背後には、「税金なんてろくなもんじゃない」というチャーチル御大の見解への共感が漂っている。「ケインズ経済学」というご自分のお名前入り理論。それを世界に広めた人が節税は儲かると教えてくれている。この事実をどう受け止めるべきなのだろうか。これまた、脳内付箋を要する。

ある人は、ケインズ先生の教えに従う取っておきの節税手法を提唱している。いわく、「非合法なカネから合法的な税金は取れやしねぇ。」その人の名はアル・カポネ。さすが。

大親分のやり方で首尾よく税金逃れが出来ない人々からは、様々な嘆き節が聞こえて来る。「雨降らずとも、税金は育つ」は、古きユダヤのことわざだ。溜息とともにつぶやくのだろう。極め付きは次の一節だ。「いまや、子供に『くそ』と『税金』が二つの別々の言葉だということを教えてやらなければいけなくなっている。」これは読み人知らず。「くそ税金！」がすっかり口癖となってしまった親御さんだろう。ふと気がつけば、愛する我が子がかわいい声で「クソゼーキン、クソゼーキン」とさえずっている。

さらにまだまだあるが、切りがない。ここでは、ひとまずこれまでとしておこう。本文の中でも、適所適所で税金を巡る名言と迷言の数々をご紹介して行きたいと思う。折々の選択が的を射ていれば、必ずや、「人はなぜ税金を払うのか」という本書の主題解明をしっかり手助けしてくれるはずである。

それにしても、改めて思う。人は税金に関して何と様々な感慨や見解や哲学を抱き、それらを何と様々な形で表明して来たことか。それだけ、「税金を払う」という行為が人々の思いをうずかせ、頭を悩ませ、気持ちを揺り動かすということだろう。税金との攻防。税金からの逃亡。税務署との知恵比べ。税務署からの逃げ隠れ。これらのことが、歴史を通じていかに人々を振り回して来たことか。この際、この税金というものの正体をしっかり見極めておきたい。そうすることによって、我々は、払うべき税金と払わないでいい税金の区別がしっかりつくようになるはずだ。

国々は、どのような税金なら、納めることを国民に求めていいのか。国民は、どのような税金を喜んで納め、どのような税金を納めることを拒絶すべきであるのか。我々は、どんな時に増税を忌避し、どんな時に増税を受け入れるべきなのか。国民は、どのような時に減税を要求するべきなのか。逆に増税政策を要求すべき場面というのがあるのか。

日本でも、ついに消費税が二桁台に乗った。消費に対して課税するという考え方について我々は理解を深めて行く必要がある。時あたかも、新型コロナウイルスによる感染症拡大への対応が、経済活動にも重大な影響を及ぼしている。その中で、減税待望論も高まっている。このような時、国々は税金をどう取り扱うべきなのか。このことについても、考えて行きたい。いずれにせよ、税金というものの本質をしっかり見定めよう。それが、今回の旅の目的だ。いつものように、いざ、出発。

目次

第2章　税金が収奪から擁護にいたるまで

第5章 どこへ行く、日本の租税と財政

第1章
税金は権利か義務か博愛か

税金の正体を見極め、その本質を見定める。このゴールに向かって旅立つに当たって、どこを出発点にすればいいのか。それは、やっぱり「今」だろう。税金が、今の世の中においてどのようなものとして認識され、位置付けられているか。そして、どのような機能を果たしているのか。今の世の中の「税金観」は果たして妥当か。今、税金はその機能を的確に全うしていると言えるか。この辺りから始めるのが正攻法だと思われる。

こうして「税金の今」を確認した上で、次章では税金がこの「今」にどのような経緯を経て到達したのかをみることにしたい。「税金の過去」を振り返るのである。税金の今と昔を把握する。税金今昔物語だ。まずは、この課題をクリアしておきたい。

税金は会費なのか

税金といえば、財務省である。日本の財務省は「税金の今」についてどんな認識を持っているのだろう。それを知るための格好の資料が、彼らが発行している『もっと知りたい税のこと』というパンフレットだ。その平成30年度版の冒頭に、その名も「『税』の意義と役割を知ろう」というセクションがある。そこには、次のように書かれている。

「年金、医療などの社会保障・福祉や、水道、道路などの社会資本整備、教育や警察、消防、防衛といった公的サービスは、私たちの豊かな暮らしには欠かせないものですが、言うまでもなく、その提供には多額の費用がかかります。

また、こうした『公的サービス』といわれるものは、例えば、警察や防衛のように、特定の人だけのために設けることが困難なものや、社会保障や教育など、費用負担が可能な人への提供のみでは社会的に不適当なものなど、一般に、市場の民間サービスのみに依存すると、必要な量・水準のサービスが提供されないおそれがあるものです。

このため、こうしたサービスの費用を賄うためには、皆さんから納めていただく税を財源とすることで、公的に実施することが求められます。」

ふむふむ。なるほど。今の世の中には公的サービスというものがある。それらは、利用者を特定したり限定したりせずに、あまねく人々に提供されるべきサービスだ。特定性や限定性がないということになると、その提供を民間の市場に任せておくわけにはいかない。だから、行政がそれを担当する。そのためにはコストがかかる。この公的サービスの提供コストを賄うために、税金が徴収される。そういうわけだ。これは至極ごもっとも。ここまでは、いたって納得性が高い。だが、さらに読み進んで行くと、「ん?」と思う部分が出て来る。次のくだりだ。

「このように、みんなが互いに支え合い、共によりよい社会を作っていくため、この費用を広く公平に分かち合うことが必要です。まさに、税は『社会の会費』であると言えます。」

どこが「ん？」なのかと言えば、それは、最後の一文に出て来る「会費」という言葉だ。実は、そもそも、ここに引用した文章全体に「１『税』は『社会の会費』」というタイトルがついているのである。これでいいのか。税金は会費なのか。

公的サービスには特定性や限定性がない。既にみた通り、財務省さんは前段でそうおっしゃっている。だが、その提供コストを会費システムで工面するということになると、少々、話が違って来る。「社会の会費」という言い方をすれば、社会は会員制クラブだということになる。

会員制クラブには特定性と限定性がある。特定性と限定性があるからこそ、会員制クラブなのである。会費を払うことが入会の条件になる。それだけではなく、特別の資格要件を満たさないと入会を認められない場合もある。いくら会費を何年分払っても、紹介者がいなければ入れないかもしれない。血筋が正しくなければダメかもしれない。会員制クラブは、まさしく特定性と限定性の塊だ。

税金を公的サービスの経費だと言い、その提供対象に特定性と限定性があってはならないと言いながら、税金は社会の会費だというのは、明らかに論理矛盾だ。

単なる論理矛盾だけならまだいい。税金を会費だと宣言してしまうことには、重大な問題が潜んでいる。なぜなら、社会が会費を伴う有料会員制クラブだということになると、会費を払わない者は、この社会という名のクラブに入れない。そこから排除されてしまうことになる。こんなことがあっていいのか。

ただ、先の引用箇所には、既にみた通り、公的サービスに関して「社会保障や教育など、費用負担が可能な人への提供のみでは社会的に不適当なもの」という文言がある。その意味では、会費を自力で払えない人々も、「社会クラブ」から完全に排除されて門前払いを食らうのだと言っているわけではない。だが、それでも税金を「社会の会費」だと位置づけてしまうと、そこには、会費を払えない人々は、それを払える人々のご厄介になるというニュアンスがどうしてもつきまとう。

いわば一流会員と二流会員のイメージが出てしまう。税金を徴収する立場にある財務省がこんな意識で税金を考えていていいのだろうか。そんなわけはないだろう。税金会費説には、基本的に納得がいかない。

レジェンドたちの税金会費説

もっとも、公平を期するために言っておけば、この税金会費説には実は前例がある。ここでまた、筆者編纂の「税金名言集」の続きをご披露すると、その中には、「税金とは、すなわち、我々が秩序ある社会の会員としての特典を享受するために支払う会費である。」というのがある。

この言葉を残したのは、誰あろう、かの第32代アメリカ大統領、フランクリン・デラノ・ルーズベルトだ。ＦＤＲの通称で知られる。このような歴史的著名人が、税金に関して今日の日本の財務省とよく似た認識を披瀝している。それどころか、「税金を払うことが特典享受の条件だ」という言い方になっているのであるから、ルーズベルト発言の方が、財務省バージョンよりもさらに限定性と特定性が強いと言えるだろう。

思えば、これがまた少々不思議だ。なぜなら、ご承知の通り、ＦＤＲ氏はニューディール政策の導入者である。１９３０年代の大不況からアメリカ経済を救い出すべく、大規模な公共事業や失業対策を打ち出した。その恩恵には、税金を払えない多くのアメリカ人たちが浴したはずである。その辺をＦＤＲさんはどう自分の中で整理したのだろう。

さらには、ＦＤＲに負けず劣らずの米系超セレブも、次のように言っている。

「親愛なるＩＲＳ（Internal Revenue Service：アメリカ合衆国内国歳入庁）様、本状をもって私の会員権をキャンセルしたいと思います。どうか、貴方のご連絡送付先リストから私の名前を削除して下さい。」

このお手紙の主はあのスヌーピーさんである。明らかに、彼もまた税金は会費だと考えている。ＦＤＲさんとスヌーピーさんという大物二人が税金会費説に立っているとなると、これはなかなかハードルが高い。

だが、この考え方はやっぱりおかしいと思う。ＦＤＲさんとスヌーピーさんの考え方には、一つの共通点がある。僭越ながら、共通の誤解だ。それは、税金は誰が誰のために払うものなのか、という点についての誤解である。ＦＤＲさんの「税金は社会的恩恵享受のための会費だ」という考え方は、基本的に税金は自分が自分のために払うものだという認識に基づいている。スヌーピーさんの場合も同じだ。会員権をキャンセルするから、メンバーリストから外してくれという言い方は、まさに、自分の会員権をキープするために今まで会費を払って来たという発想に立脚している。

だが、税金が特定性と限定性のない公的サービスの「維持費」なのであれば、それは自分のために払うものではない。世のため人のために払うのである。税金を払えない人でも、分けへだてなく公的サービスの恩恵に浴することが出来る。その状態を確保するために、税金を払える人が払えない人のために払う。それが税金だ。

自分が特典を得るために払うのではない。税金を払うのは、自分用のポイントを貯めるためではない。一定額の税金を納めれば、その金額に見合ったポイントがその納税者に付与されるというわけではないのである。つまり、税金というものには、1対1の受益性がない。ここが、会員制クラブの会費と決定的に違うところだ。

自分のために払うのが会費。みんなのために払うのが税金である。会費は、自分がサービスを享受するために支払う対価だ。自分のステータスを守るための保険料である。自分が特別扱いを受けるための投資だと言ってもいい。どのようなアングルからみても、会費は徹底的に自己本位的だ。いかに偉大なFDRさん、いかにかわいいスヌーピーさんといえども、ここを誤解されている限り、そのご意見に同意するわけにはいかない。

たとえ、会費を払って加入している団体が慈善や支援など、他者救済型の目的を持つものであっても、そこには、税金に比べれば、やはり一定の自己本位性が伴う。なぜなら、その場合にも加入者は誰をサポートし、何を目的にカネを出すのかを選んでいる。自分の思いに叶う団体を特定して、その団体の活動に限定して資金を拠出するのである。自分が会費を支払えば、その分だけ、自分が応援している活動が潤う。自分が会費を出したことに伴って、その分、自分が選んだ人々が間違いなく助かるわけだ。だから、そこには自分にとっての一定の満足感や高揚感が確実に対応する。つまり、そこには明らかに1対1の受益性がある。

現に、「何に使われるかわからない税金を払うくらいなら、自分のお気に入りのチャリティーに寄付する方が全然いい。」というのは、世の中でしばしば耳にする見解だ。この気持ちは実によくわかる。それが一義的にまずいとは思わない。だが、それはそれとして、まさにこういう主張がよく聞かれるという事実こそが、税金と会費は性格が異なるものだということを明確に示している。

税金は、それを支払う側が使途を特定出来ない。だからこそ、税金を徴収する側は圧倒的に賢く、徹底的に高潔に、不動の正当性をもってその使途を決めていかなければならない。この関係が税金というものに関する納税と徴税の原理的関係だ。実際には「目的税」などという使途特定型の税金の取り方も存在する。納税者の納得を得られやすいというので、税金を会費に近づけてしまおうという考え方だ。端的に言って、筆者は、このやり方は亜流だと思う。これをあまりやり始めると、租税制度は様々な形での利益誘導の温床と化す。

このように考え進む中で、どうも、税金は会費ではないところにこそ、その最大の眼目があるという風に思えて来た。本当にそうか。そうだとすれば、税金を会費化から守るためには、どのような条件が整っている必要があるのか。これらのことに解答を出すことが、「人はなぜ税金を払うのか」という基本命題の最終的な謎解きにもつながって行く。そのようにも言えそうに思う。そこで、これら一連の思いをしかと胸に畳み込みながら、旅を進めて行くこととしよう。

政府はなぜ税金を取るのか

人がなぜ税金を払うのかを解明するためには、政府はなぜ税金を取るのかを解明しなければならない。そういうことになるだろう。税金は、どのような役割を果たすために存在するのか。税金がどのように機能する時、政府が税金を取ることに正当性があるのか。これらの点について納得の行く説明を施せないようなら、人はなぜ税金を払うのかについても、説得力のある説明を提示することは出来ない。この重要ポイントについて、ここでご一緒に考えておきたい。

ここでも、やはりまずは財務省の見解を確認しておこう。再び『もっと知りたい税のこと』をチェックしてみれば、そこにはちゃんと「『税』の役割」という項目があり、税金が果たすべき機能として次の三つを挙げている。

①財源調達機能
②所得再分配機能
③経済安定化機能

ここでは、主として②の税の所得再分配機能に注目したい。その前に、①と③に関する整理をざっくり片づけておこう。

①の財源調達機能については、前項でみた。税金は政府が公的サービスを提供するための財源だ。そして、この財源調達行為を財務省は会費徴収行為だととらえていた。このこ

とについて、前述の通り筆者は大いなる違和感を感じる。税金と会費は同値ではない。むしろ対極にあって然るべきだ。この点について、前項で縷々《るる》申し上げたばかりだ。

③の経済安定化機能というのは、経済学の教科書の中で、「ビルトイン・スタビライザー」と表現される機能だ。「ビルトイン」というのは、「組み込まれている」の意だ。「スタビライザー」は「安定をもたらす装置」と言い換えていい。税金が税金である以上、そこには安定をもたらす機能がおのずと組み込まれている。「ビルトイン・スタビライザー」という言葉は、このような趣旨で使われる。なお、ここでいう「安定化」は「デコボコを埋める」というニュアンスでの「安定化」である。

それと言うのも、景気の拡大期には、家計や企業の所得が増加する。それに伴って税収も増える。税収が増えるということは、それだけ、民間部門から政府部門に吸い上げられるカネが増えるということだ。その分だけ、家計と企業が使えるカネは減る。したがって、景気拡大の行き過ぎに歯止めがかかる。逆に、景気後退期には家計・企業の所得が減る。それに伴って税収という形で政府部門に吸収される資金も減る。その分、家計と企業が使えるカネの減り方も小さくなる。そのおかげで、景気の落ち込みが緩和される。

このような形で機能するのが、税金の「ビルトイン・スタビライザー」機能だ。このことを、財務省は「税制は、好況期には税収増を通じて総需要を抑制する方向に作用し、不況期には逆に税収減を通じて総需要を刺激する方向に作用することで、自動的に景気変動を小さくし経済を安定化する役割を果たしています。」と表現している。

必ずしも、絵に描いたようにこの通りになるわけではない。景気が過熱してバブル化に向かうような局面では、既存の税率の下での税収増だけでバブル景気に充分なブレーキをかけることは、まず出来ない。深刻なデフレが進行している中では、いくら税金で持って行かれる分が減っても、それで家計や企業の需要萎縮を阻止することは難しい。つまり、税金による景気のデコボコ地ならし効果には限界がある。とは言え、このような仕掛けが税金というものに「ビルトイン」されていることは間違いない。

高額納税者は特別会員にあらず

さてそこで、税金の所得再分配機能である。これに関する財務省の説明は次の通りだ。

「所得税や相続税の累進構造等を通じ、歳出における社会保障給付等とあいまって、所得や資産の再分配を果たす役割を果たしています。」

少々わかりにくい。ついでに言えば、「果たす役割を果たしています。」という日本語が麗しくないが、それはともかく、この文章を少し因数分解してみよう。

「所得税や相続税の累進構造等」というのは、高額所得者にはより高い税率を課し、低所得者に課する税率は低率に抑える仕組みを指している。そこには、一定水準に満たない超低所得者からは税金を取らないことが含まれる。ちなみに、「累進」を辞書で引けば

「数の増加につれ、それに対する割合が増えること」とある。この定義を当てはめて言えば、所得税や相続税については、「所得額や相続額の増加につれ、それに対して課せられる税金の割合が増える」ということになる。

「歳出における社会保障給付等」とは、何らかの金銭的な支援を要する人々に対して付与される財政支出のことである。失業者や労働災害に見舞われた人々、医療や介護の対象者、年金生活者などがその対象になる。その一定部分は人々が払い込む社会保険料によって賄われるが、残りは税金の中から支払われる。生活保護費のように、全額が税金でカバーされるものもある。

金持ちから傾斜的によりたくさんの税金を取る。そのようにして得た税収と社会保険料という形で積み立てられた資金を組み合わせて、助けを必要とする人々を金銭的に支援する。つまり、税金や社会保険料を支払う人々から、支援を要する人々に所得を移転する。このような資金の流れ方を所得の再分配という。政府が税金を取るのは、このような所得再分配機能を働かせるためだ、というわけである。

さて、この税の所得再分配機能については、留意しておくべき点が二つある。第一に、この機能があることによって、税金はさらに一段と会費から遠ざかっている。第二に、1対1の受益性の有無という観点からも、この再分配機能が税金というものの特性をよく表している。順次、みていこう。

もしも税金が会費なのであれば、税金を多く払えば払うほど、それに伴って特典や見返りが多くなるはずである。会員組織においては、実際にそうなっている。筆者にとって身近なところで言えば、各種の劇場や劇団の会員システムがそうだ。それらにおいて、会員にはさまざまな段階がある。一般会員とか、特別会員とか、賛助会員とか。法人会員というステータスが設定されている場合もある。どの会員ランクで入会し、どの金額の会費を払っているかで、取り扱いが違う。よりステータスの高い会員となって、より高い会費を払えば払うほど、より多様で充実したサービスが得られる。予約席の確保が保証されたり、パーティへのご招待を頂戴出来たり、名前をプログラムにリストアップしてもらえたり……。多くを払うものが多くを得る。それが会費だ。

だが、所得再分配機能を有する税金においては、そうではない。より多くを払う人々がいるから、より少なくしか払わない人々がサービスを受けられる。そういう仕組みになっている。この仕組みを通じて、より多くを持つ人々からより少なくしか持っていない人々に所得が移転されるのである。さらに言えば、より多くを払う人々は、ただ単に支払う金額が大きいというだけではない。払う金額の所得に対する割合も、より少なくしか払わない人々よりも大きいのである。

今の日本の所得税について言えば、年間所得が4000万円を超える人々は、4000万円超えの部分に対して45％の税率がかかる。これに対して、年間所得が195万円以下の人々からは、対総所得比で5％の税金しか徴収されない。これが財務省のいう所得税の「累進構造」だ。仮に、年間所得が4100万円の人にも195万円の人にも、同じ5％の税率がかけられるのだとしても、むろん、納税額は4100万円さんの方が195万円さんよりもはるかに大きくなる。

だが、累進制度の下では、単に所得そのものの大小に比例して納税額の大小が決まるのではない。所得が大きいものからは、より大きな割合で税金を取るという仕組みになっている。もしもこの仕組みが会費制度だったなら、4100万円さんは特別会員だ。だから、特別のサービスが得られるということになる。だが、累進課税方式による所得税制度の下では、そうはならない。特別のサービスの対象となるのは、基本的に低額所得者であり、したがって低率納税者でもある人々だ。だからこそ、「所得再分配」になるわけである。

ちなみに、日本の所得税における課税の累進度は、かつてはもっとはるかに急カーブを描く構造になっていた。1974年の段階では、年間8000万円を超える高額所得者に対しては、8000万円超えの部分について75％の税率が適用されていたのである。それに比べれば、今日の日本の所得税制度は累進度の曲線が随分となだらかになってしまっている。税の再分配機能がそれだけ低下しているわけである。こういうことでいいのか。こうした点についても、本書の旅の中で考えていく必要がある。いずれ、立ち戻って考えたい。

「ふさわしい」かどうかを問うなかれ

所得再分配機能を持つ税金は、会費とは性格が本質的に異なる。特別会員のために特別サービスが用意されているのが会員制度だ。特別会員になれない人々のために、特別サービスが用意されているのが租税制度だ。

そして、ここでさらに注意を要する点がある。それが、先に挙げた第二の留意点、すなわち1対1の受益性との関係の問題である。税に所得再分配機能があると言っても、それは、特定の高額所得者の納税が特定の低額所得者への所得移転に充当されることを意味してはいない。そもそも、低額所得者も、免税対象者を別とすれば税金を支払っている。全ての所得税は、それを誰が払っているか、あるいは、どの所得水準の人が納めたものであるかを問わず、無差別・一律に税収として扱われる。そのような形で集約された納税プールの中から、様々な公的支出に資金が充当されて行くのである。その中で、社会保障費に配当される部分については、全体として所得再分配機能がある。そういうことなのであって、ここにも特定性と限定性はない。つまり、「あの人のために税金を払いたい」という特定の仕方が出来るわけではないのである。ここはしっかり理解しておく必要がある。このようなえり好みを許してしまえば、公的サービスが分け隔てなく均霑《きんてん》されるための「元手」としての税金の性格が損なわれる。いかにも支援にふさわしそうに見える人々だけがその恩恵に与《あずか》り、どうも、あまりそれに値するとは思われない人々は排除される。こういう形で特定性や限定性が発生すると、税金は税金ではなくなる。むろん、そうは言っても、制度上の受益資格というものは存在する。4100万円さんが生活保護の対象となってしまうようなことがあってはならない。

だが、このように必要性が自明な仕分けを別とすれば、誰が支援価値のある人間で、誰にその価値がないかという判断に裁量の余地が入り込むのは、実を言えばなかなか恐ろしいことだ。ここで筆者の頭に浮かんだのが、「夜の訪問者」という名サスペンスドラマのイメージである。推理小説や怖い話がお好きな読者は良くご存じだろう。作者はJ・B・プリーストリー（1894～1984年）。イギリスの小説家であり、劇作家であり、鋭い社会批評家でもあった。

ある夜、裕福な実業家の家族が娘の許嫁も参加して一家団欒を堪能している。すると、そこに刑事だと称する謎の来訪者がやって来る。彼は本当に刑事なのかもしれないし、そうではないのかもしれない。彼は、とある女性の自殺との関わりでやって来た。そして、この家族の一人ひとりに彼女との関わりがあるという。誰もがそれを否定する。真相解明の大団円に向かってスリルはどんどん盛り上がる。

その過程で、この一家のお母さん、つまり実業家の妻が、生活困窮者支援のための慈善団体の親分であることがわかる。この団体に助けを求めて、妊娠中で路頭に迷っている若い女性がやって来た。その娘さんに対して、この大婦人は、「身持ちが悪くて支援にふさわしからず」という判定を下していたのである。この娘さんこそ、かの自殺した女性だったのである。そして、そもそもこのお嬢さんを妊娠させたのが、ほかならぬ……とまぁ、こういう調子で物語はクライマックスに近づいて行く。

ここから先はネットをチェックいただいたり、ＤＶＤなどを通じて確認していただくとして、ここでご注目いただきたいのが、この実業家の妻が取った行動である。彼女は、独断と偏見をもって、「この娘は支援に値しない」と判断した。この判断は実を言えば大いなる過ちだった。そのことがわかった時は、時すでに遅し。取り返しのつかないエラーが、一人の人間の命を奪った。租税制度を通じた所得移転に個別判断を持ち込むと、まさにこういうことが起こりかねない。税金の所得再分配機能に、安易に裁量的分け隔ての余地を持たせてはいけない。そのことを、あの名作ドラマが実に良く物語ってくれている。

ここでさらに連想が及ぶのが、2017年に明るみに出た「小田原市ジャンパー事件」だ。ご記憶がよみがえるだろうか。2007年から10年にわたって、生活保護業務を担当する小田原市職員が「保護なめんな」「生活保護悪撲滅チーム」「私たちは正義」「不正受給者はクズ」など、不正受給を過激に非難する文言をローマ字や英語で刷り込んだジャンパーを勤務中に着用していた。受給者を訪問する際にも、そのいで立ちで出向いていたという。

不正受給は許せないという気持ちはわかる。そのように思う納税者に対して、同調姿勢を打ち出したかったであろうことも理解出来る。だが、それにしても、こうした威圧的姿勢で臨まれた時、生活保護対象者はどのような思いに駆られるか。自分たちは、果たして

「お恵みにふさわしい人間なのか」と思い悩んだり、「ふさわしいと認めてもらってああ良かった」などと胸をなでおろす。そんなふうに萎縮した心理に陥ったり、そのように萎縮している風情を見せなければ「ふさわしからず」と切り捨てられてしまうのではないかと心配する。そんな立場に追い込まれることになりかねない。そんな扱いを受けるのも止むを得ない。何しろ、我らは会費を払えていないから。人々がそのような悲しい納得の仕方をするようになってしまったら、租税による所得再分配機能は破綻する。

小田原市ジャンパー問題の発覚を受けて、同市は「生活保護は市民の権利」と位置付けて、生活保護受給者という言い方を「生活保護利用者」に改めたという。それはそれで結構だ。名は体を表し、言葉は人間心理の鏡だ。だから、この名称変更には大いに意味があると思う。

ただ、それはそれとして、何はともあれ、まずは不正受給の摘発や撲滅を優先するという行政の構えには、どこか、悲運の娘さんを自殺においやった「夜の訪問者」のあの大婦人の影を感じる。むしろ、生活保護を受ける権利を利用し損ねている人々がいないか、懸命にチェックして行くことの方が先ではないのか。この辺の認識が政策と行政の側においてしっかり共有されていないと、彼らは我々に対して説得力をもってなぜ税金を払って欲しいのかを訴えることが出来ない。「税金＝会費」認識の領域に止まっている限り、どうしても「不正受給撲滅」を最優先することにこだわってしまう。その次元を超えて、税金とその所得再分配機能を語ることは出来ない。そのように思えるのである。

税金が会費でない以上、高負担は高受益を意味しない。そして、税の所得再分配機能を論じる時、我々は「ふさわしさ」という概念の虜となってはいけない。ここまでの展開の中で、これらの点を確認した。だが、現実の世の中をみれば、そこには、我々の確認事項とはかなりかけ離れた税金観が見受けられる。税金に関する勘違い事例だ。ここで、そうした勘違い事例を二題みておこう。日米、一題ずつである。「こうではいけない」という反面教師の教えを通じて、「こうでなければいけない」という正しい認識にさらにもう一歩接近出来ればと思う。

ふるさとは見返り抜きで思うもの

勘違い事例その一が、日本のふるさと納税制度である。この仕組みについては、ご承知の通りだ。自分の居住地とは違う自治体に寄付を行う。すると、その寄付金額から2000円の「自己負担分」を差し引いた額が、所得税および居住地に納める住民税から控除される。これがふるさと納税制度の概要だ。寄付と引き換えに、それにほぼ見合った分だけ納税額が減額されるわけである。ということは、結局のところ、寄付をしてあげた自治体に納税したのと事実上同じことだというので、ふるさと納税の名称がついている。「納税」の方は、ひとまず、それでいいだろう。だが、なぜ「ふるさと」なのか。まずは、ここに問題がある。端的に言って、この「ふるさと」はいまやほぼ完ぺきに「看板に偽り」と化している。なぜなら、寄付を行う皆さんは、その対象を自分の郷里に限定する必要はない。実態的には、自分の生い立ちとは縁もゆかりもない寄付対象地を選んでいる人が圧倒的に多いだろう。

そうなっている要因が、例の返礼品問題である。これについても、よくご承知の通りだ。寄付対象に選んでいただいた自治体は、その皆さんに返礼品を送る。ふるさと納税制度がスタートを切ったのは2008年のことだ。そこに至る経緯などについては後述するが、返礼品を送るというやり方は、制度発足とともに始まったものである。ただ、これが時とともにどんどん変質し始めた。豪華版返礼品をお約束することで、寄付金をゲットする。この返礼品競争に火がついたのである。肉・カニ・コメが「返礼品三種の神器」などと呼ばれるようになった。家電製品なども人気アイテムだ。絢爛たる「返礼品カタログ」まで作成されるようになった。潜在的寄付者の皆さんは、その中から選り取り見取り。

こうなると、実はもはや返礼品は返礼品ではない。ご厚意を賜ったから、お返しをする。それが返礼行為だ。「こういうお礼を用意しましたから、何卒ご厚意を」というのでは、まったく順序が転倒している。これでは、単なる勧誘だ。資金集めキャンペーンにほかならない。しかも、ここにまたしても、「会費」の発想が入り込んでいる。「こんなに素敵なプレゼントを取り揃えてお待ち申し上げております。是非とも、我が自治体への『ふるさと入会』をお願いいたします。」というわけだ。

プレゼントにつられて寄付を行うという発想は明らかにおかしい。寄付も納税も、お買い物ではない。ショッピングのノリで寄付先を決める。この感覚は問題だ。だが、もっと問題なのが、人々のそのような感覚に訴える、あるいはそれを誘発しようとする行政の方だろう。何のために寄付を頂戴するのか。誰のために税金をお支払いいただくのか。これらのことについて、確たる理解がないから、テレビ通販まがいの「商法」で「ふるさと会員」を勧誘しまくるような行動に及ぶことになる。

さすがに、この返礼品過当競争については、政府が抑制に乗り出した。2019年6月からは、自治体がふるさと納税制度の適用対象と認定されるには、二つの条件を満たさなければいけないことになった。第一に、返礼品の準備に係る費用は、ふるさと納税で得られる寄付金額の3割以下に止めること。第二に、返礼品を地場産品に限ること。これらの条件を満たすことの出来ない自治体は、ふるさと納税制度の対象から外される。つまり、条件不充足自治体に寄付しても、寄付者は税金の減額を受けられない。大阪の泉佐野市など、既に4つの自治体が適用対象から外されている。

この新体制が軌道に乗れば、さすがに返礼品合戦の狂騒には一定の歯止めがかかるだろう。だが、それでこの問題に内包された税金に関する勘違いが完全に払しょくされるわけではない。なぜなら、豪華返礼品による勧誘が抑制されても、ふるさと納税制度という仕組みがある限り、「寄付をすると、その分、税金をおまけしてもらえる」という関係は残るからである。この考え方は本質的におかしい。寄付は無償だから寄付という。その意味で、寄付金もまたけっして会費ではない。

むろん、世界的にみても免税団体への寄付については租税減免措置がある。それを誘因にして、多くの慈善団体や市民運動組織が資金集めをしていることは事実だ。その限りにおいて、寄付すれば租税負担が軽くなるという仕組み自体がまったく突飛なもので、まったく許し難いものだとは言えないだろう。この点についても、税金を巡る諸側面をすべてしっかり眺め尽くし、我々の税金道何十何次になるかわからない旅が終わったところで、後日、改めて考える必要がありそうだ。それはそれとして、いずれにせよ、「寄付すれば得になる」という仕組みはやっぱりおかしいだろう。

そもそも、損得抜きで行うのが寄付という行為のはずだ。今のふるさと納税の仕組みでは、２０００円のいわば「初期投資コスト」を除けば、寄付金分のすべてが本来納めるはずだった税金から減額される。しかも、その上で自分がチョイスした素敵な返礼品が手に入る。こうしてみれば、先に筆者が使ったお買い物とかショッピングという表現も、実は、正確さに欠ける。なぜなら、寄付者は寄付金分の税金が減免されるのであるから、その分、支払いを免れることになる。つまり、このショッピングには代金の支払いが伴っていない。無償で返礼品をゲットしたことになる。無償の寄付どころか、寄付が無償の便益獲得をもたらしている。これは実に変な話だ。

行政は「寄付は得」を釣り餌にするな

繰り返し言うが、こういうおいしい話は、乗る方もさりながら、持ち掛ける方が悪い。不見識だ。そうした話に引き寄せられる方には、そのことによって多少とも生活が楽になったり、潤いが生じたりする喜びを味わいたいという思いがある。そうした市井の思いにつけ込んで、寄付金をおびき寄せるようなことをしてはいけない。

寄付すれば得になる。この発想の裏を返せば、得にならなければ寄付はしないということになる。この考え方は、どこか日本におけるボランティア活動の取り扱われ方と似ている。ボランティア活動をすることには、いかなるメリットがあるのか。そのようなことがしばしば問われる。

これもまた、おかしい。ボランティア活動は、他者のために行うものだ。自分のために携わる活動ではない。税金を自分のために払うのではないのと、同じことである。それでも、さすがに、ボランティア活動に金銭的報酬を期待する向きはあまり多くはないだろう。だが、ともすれば、人々はボランティア活動の中に自己実現を求めたりする。これも、ある意味では報酬を求める姿勢だ。実際にボランティア活動を行えば、結果的に自己実現や充実感を味わえることが多い。だが、それはあくまでも結果であって、予めそれを期待するのは、やはり、筋違いであり、勘違いなのだと思う。

筋違いと勘違いは、ボランティア活動の対象となる側にもある。ただで助けてもらっては申し訳ない。何らかの手当を出さなければ悪い。そんな遠慮や気兼ねは不要だ。そのような遠慮や気兼ねは、純粋に世のため人のために働こうとする人々に対する冒とくだと言っても、けっして、過言ではないと思う。さらに言えば、この遠慮や気兼ねには、生活保護受給者の負い目や引け目と共通するものがある。この負い目や引け目と表裏一体の関係にあるのが、生活保護の受給に「ふさわしさ」基準を充てがおうとする発想だ。すなわち、あの「夜の訪問者」の大婦人の高飛車な姿勢につながる。あれこそ、究極の勘違いだと言えるだろう。

寄付とボランティア活動について、さらにもう一息考え進んでみたい。次第に税金から焦点がずれるではないかと思われるかもしれない。筆者もそれは少々気になる。だが、どうも、必ずしも焦点はぶれないとも思えるので、やはり考えておきたい。寄付やボランティア活動に関しては、実を言えば、そこに多少とも無理や背伸びの要素が伴うことによって重みが増す面があると言えそうだ。大金持ちが手持ちの小銭をいくら気前よく提供しても、そのことに寄付としてのどれだけの価値があるか。その同じ小銭が全財産だという貧しき人が、その全財産を思い切って他者のために投げ出してしまう。これが本当の寄付の精神だ。

この構図は、キリスト教の新約聖書の中に登場する。すぐ思い当たられる読者も多いだろう。イエス・キリストが見守っている中で、金持ちがたくさんのカネを賽銭箱に投げ入れる。その後に貧しいやもめがやって来て、レプトン銅貨二枚を献金して立ち去る。そこでイエスいわく、「この貧しいやもめは、だれよりもたくさん入れた。あの金持ちたちは皆、有り余る中から献金したが、この人は乏しい中から持っている生活費を全部入れたからである。」（ルカによる福音書21・1〜4。新共同訳）。ふるさと納税の「寄付は得」の論理は、このやもめの姿からあまりにもかけ離れている。

ボランティア活動も、暇つぶしにやるのであれば、実は本当のボランティア活動ではないという面があるだろう。自分にとって貴重でればかりは死守したいと思う時間。それを他者のために費やす。その選択を自発的すなわちボランタリーに行なうからこそ、ボランティア活動になる。こんな偉そうなことを言っていいのか。そう我ながら思う。いずれも、無茶な話だと思われても仕方がない。だが、やっぱり、目を向けておくべきテーマだと思う。

自分にとって何一つ得になりはしない。それを承知で何らかの行動を取る。この感性がないところには、「人はなぜ税金を払うのか」という問いかけへの答えもない。どうも、そのように思えて来た。1対1の受益性がないことを百も承知で払うもの。その最たるものが実は税金である。このような社会的合意がなければ、政府も税金の取りようがない。そういうことではないのか。この認識と真正面から向き合うことなく、「税金は会費」・「寄付は得」・「返礼品をお楽しみに」などという甘言をもって国民からおカネを頂戴しようというのは、政治・政策・行政の不心得であり、誠意のなさだと思うところだ。

善意あるふるさと納税でも分捕り合戦はダメ

ふるさと納税制度に関わって、これほど踏んだり蹴ったりの書き振りを連ねていると、それはあんまりだという苦情が出るかもしれない。ふるさと納税制度の当初の趣旨にも、目を向けておくべきではないのか。このご指摘もあろうかと思う。確かにそれはある。考えておこう。

前述の通り、この制度が始まったのは2008年のことだ。それに先立って、2006年に福井県の西川一誠知事（当時）が「故郷寄付金控除」という構想を打ち出した。これがふるさと納税制度発足へのきっかけになったと理解されている。西川氏の提案は、「税収減少に悩む自治体を助けるため、市民が自分にゆかりのある自治体に寄付をした場合、その分だけ税額を控除することにして、寄付を奨励しよう」というものだった。この提案は、地元の経済実態を意識する政治家たちから大いに注目を集めた。

そして、折しも、2006年9月に発足した第一次安倍政権が、この構想にことのほか強い関心を示したのである。西川提案のおよそ半年後、2007年5月には、菅義偉総務相（当時）が「ふるさと納税研究会」の創設を表明している。この時点で「故郷寄付金控除」が「ふるさと納税」に衣替えした。そして、翌2008年にはふるさと納税制度が発足するにいたったのである。

振り返ってみれば、筆者も当時の記憶がよみがえる。この構想が話題になる中で「故郷は遠きにありて払うもの？」というタイトルでコラムを書いた覚えがある。どこに掲載されたコラムだったかは定かではない。どこかに記録がないかとあれこれ探し回ったが、さしあたり発見にいたらなかった。この種の探索に時間を費やしている場合ではないので、残念ながら断念した。

筆者の幻のコラムはさておき、こうしてみれば、誕生当初のこの構想は、それなりに筋の通ったものであり、今のようにひたすら勘違いの塊ばかりではなかった。そう言えそうに思える。懐かしの生まれ故郷に多少とも貢献したい。今なら出来る恩返しを形にしたい。立身出世を果たし、功成り名遂げた人々がそのように思うのであれば、その思いに道をつけようではないか。このような発想には、それ自体として文句をつける余地は小さい。ささやかながら郷里の役に立ちたい。常日頃からそのように思って来た方々は、何も派手に功成り名遂げていなくとも、おいでになるだろう。遠きにありて、そのように故郷を思う皆さん。その善意を形にする仕組みをつくりたい。西川氏がそのように考えられたのであれば、それはけっして筋の悪いことではない。

正確と公平を期するためにさらに言えば、仮に寄付先を物理的な生まれ故郷に限定せず、支援したいと切に願ういわば「心のふるさと」も含めるということであっても、これまた、けっして悪筋な発想だとは言えないだろう。例えば災害の被災地に寄付する場合などである。２０１１年の東日本大震災発生時には、福島・岩手・宮城に多額の寄付が全国から寄せられた。その中には、ふるさと納税制度を利用したものも多かったようだが、これらはけっして返礼品狙いの寄付行動ではなかったろう。逆にそうではなかったからこそ、それらの行動は、一定の行政的な負担軽減措置に値するものだった。そのような考え方は成り立つと思う。

ただ、以上のすべてのことを踏まえた上で、なお、目を向けておくべき点がある。それは、ホントのふるさとにせよ心のふるさとにせよ、それらを対象とする寄付行動のおかげで、それと引き換えに取りはぐれとなった税金の問題である。ホントのふるさとや心のふるさとに資金が移し替えられたため、それに対応してある人の所得税納税額が減れば、それだけ、本来行われるべき所得再分配が実現しなくなる。その人が居住自治体に収める地方税が減れば、その分、その自治体は公的サービスを提供するための財源を失うことになる。

自治体Aの住人の地方税が、自治体Bへのふるさと納税に切り替えられたおかげで、自治体Aが公民館の休館日を増やしたり、公設図書館の開館時間を短縮せざるを得ない。こんな事態が発生するかもしれない。病院だって、提供出来る医療サービスが減るかもしれない。下手をすれば、病院の数が減ることになるかもしれない。市役所や区役所の出張所が整理されてしまうかもしれない。返礼品目当てなどではなくて、純粋な思いに基づくふるさと納税であっても、こういう現象を引き起こさないわけではない。

支払い側の思いがどんなに善意に満ちていても、こういう問題は起こる。ふるさと納税制度は、結局のところ、自治体間における税金の分捕り合戦制度にほかならない。このような仕組みが導入されてしまうと、要は集客力の強い自治体が勝利する。その勝利は、集客力の弱い自治体の住人たちから、公的サービスを受ける機会を奪う。ふるさと納税制度があるばかりに、公助の支援を得られない弱者が発生する。そのような事態になれば、租税の所得再分配機能に重大な支障が生じる。これはあってはならないことだ。

思えば、このあってはならないことが、実際には自治体間ばかりではなく、国家間でも起こっている。国々は、法人税を引き下げることで外資を自国に引き込もうとする。様々な特例措置を設けたり、特区制度を設定したりして、外資を懸命に誘致する。特例措置や特区制度は、いわば国々版の返礼品だ。魅力的な返礼品を数々ご用意することで、外資様にお越しいただこうとする。納税企業を巡る国々のこうした消耗戦的分捕り合戦は、結果的にすべての国々における公的サービスの量的質的減耗をもたらしかねない。そんなことになってしまえば、本末転倒もいいところだ。

国境を越えたタックス・ウォーズも、自治体間におけるふるさと納税合戦も、基本的なところで、損得抜きの納税行為というものの機能を阻害する。担税力ある人々の無償の貢献で、世のため人のための公的サービスが及ぶ範囲が広がって行く。この効果を減衰させる行動は、徴税側においても、納税側においても、慎まれるべきだと思われるのである。

中井貴一さんはなぜ税金を払うのか

税金勘違い物語第二弾に進みたい。その前に、一つ皆様と共有しておきたい記憶がある。あるテレビ番組のことである。

これまた記憶があいまいで、何時のことかも番組名も定かではない。確か、ＮＨＫのＢＳ放送だったと思う。俳優の中井貴一さんにフォーカスした番組だった。視るともなく視ていたら、中井さんが東日本大震災で被災された皆さんに思いを馳せて、心境を語り始めた。

俳優の自分に何が出来るだろう。どうしたら被災地の皆さんのお役に立てるだろう。考えた末、やっぱりたくさん仕事をして、たくさん税金を払うのが一番だろうと思うにいたった。このような趣旨のことを言われていた。

ご本人の発言の正確な記録ではない。あくまでも筆者の記憶なので申し訳ないが、「おお！」と感じ入ったことはよく覚えている。ちなみに、中井さんは、2014年に放送されたドラマ『時は立ちどまらない』の中で、高台にあったために震災で無事だった家の主人を演じている。このドラマは文化庁芸術祭賞大賞はじめ多くの賞を受けた名作だ。

あの大震災のような想像を絶する惨事を前にして、個々人が出来ることには、いくら頑張ってもおのずと限界がある。大勢の被災者を組織的に支援するのは、政策と行政の役割だ。そのような時のためにこそ、我々は税金を払って「国」とか政府というものを養っているのである。

被災地でボランティア活動をすることは素晴らしい。思い切って多額の寄付をするのも称賛に値する行動だ。だが、それはそれだ。それと同時に、たくさん税金を払うことで政府や行政のいざという時の活躍力を日頃から充実させておく。それが必要で、それが一番だという貴一さんの認識は、実にまっとうだ。見上げた心意気である。何とも納得性の高い話を聞いた。あの時、そう感じた。

思えば、まさにあの時こそ、筆者の中で「人はなぜ税金を払うのか」というテーマが芽生えた瞬間だったかもしれない。1対1の受益性にこだわらない。見返りを求めない。誰が税金を元手とする公的サービスの対象者となるに「ふさわしい」か、などということに目くじらを立てない。ひたすら気風良く税金を払う。貴一さんの語り口の中に、そうしたさわやかな納税者魂を発見した。そのことに触発されて、筆者の中でいつの頃からか渦巻いていた「納税倫理」とか「租税哲学」などという領域を巡る問題意識が「人はなぜ税金を払うのか」という問いかけの形を取った。こういうわけである。

中井貴一的納税者精神があまねく世の中に行き渡っていれば、グローバル経済の風景も今の実態とは随分違ったものになっているかもしれない。だが、実際には多くの有名人や金持ちたちが税金を納め渋る。節税や脱税に力を入れる。その最たる事例が、これから見て行く人々の場合である。

リッチスタン人は租税回避遊牧民

その人々は、とある架空の国の住人たちだ。その国は、人呼んで「リッチスタン」である。命名者は、アメリカのジャーナリスト、ロバート・フランクだ。彼は、『ウォールストリートジャーナル』紙の記者だった当時にこのネーミングを発明した。リッチスタンの「リッチ」は金持ちのリッチだ。「スタン」は国を指す言葉だ。パキスタンやアフガニスタンなどのイメージで考えていただければいい。つまり、「○○スタン」といえば、「○○ランド」を意味する。したがって、「リッチスタン」は「リッチランド」すなわち「金持ち国」である。フランク記者は、アメリカのニューリッチ層について、その資産運用行動に焦点を当てて取材していた。その中で、「リッチスタン」の名称を思いついたのである。

その後、彼は“Richistan : A Journey Through the American Wealth Boom and the

Lives of the New Rich" という本を出している。このタイトルを筆者流に翻訳すれば、さしずめ、「リッチスタン：アメリカの資産ブームとニューリッチ族の生態観測紀行」という感じだ。邦訳版も出ているが、その表題は『ザ・ニューリッチ――アメリカ新富裕層の知られざる実態』となっている。わかりやすくはあるが、「リッチスタン」という決め手のネーミングを生かしていないところが実に残念だ。

フランク記者の定義によれば、リッチスタンの住人である新富裕層とは、親から資産や地位を受け継いだわけではない。金融業界やＩＴ業界で成功し、一代で富を築いた人々である。そして、アメリカの保有資産額ランキング上で上位１％に入るようなスーパーリッチ族である。彼らリッチスタン人たちは、自分たちのカネの力で、ありとあらゆるモノやサービスを手に入れることが出来る。

豪邸中の豪邸に住み、究極のグルメ三昧に浸り、華麗なるおしゃれを楽しむことが出来る。我が子のために最高級の教育環境を整えられる。病気になれば、いたれり尽くせりの医療サービスを受けられる。自分たち専属の消防隊も、警備体制も、場合によっては軍隊でさえ、完備することが出来る。

そんな彼らは、しばしば、自分たち専用の「ゲーティッド・コミュニティ」（閉ざされた共同体）の中に引きこもる。リッチスタン人ではない人々は、そのゲートの内側にけっして入れない。

リッチスタン人たちのこんな生態も、まぁ、自分たちの甲斐性でやることだから、その限りにおいて他人がとやかく言う筋合いではない。気に食わないやつらだとは思っても、彼らにそのライフスタイルを強制的に止めさせるわけにはいかない。彼らには、自分たちの能力が生み出した成果を自分たちが欲するままに満喫する権利がある。少しは自重する。それがまともな人間の節度だとは思うが、止めろとは言えない。

だが、それはそれとして、ここで問題にすべきなのはリッチスタン人たちの贅沢三昧振りそれ自体ではない。問題は、彼らが徹底的に税金を払いたがらないところにある。ここが、彼らと中井貴一的納税精神の持ち主たちとの大きな違いなのである。

リッチスタン人たちは、すべてのものを自前で調達出来る。衣食住の全般はもとより、前述の通り、教育・医療・治安・防衛にいたるまで、自費で賄えてしまう。つまり、彼らは一切、公的サービスというもののお世話になっていない。なるつもりもない。したがって、公的サービスの財源である税金という名の資金プールに自分のカネを拠出する必要は毛頭ないと考えている。

所得税の源泉課税の論理から言えば、スーパーリッチ族である彼らこそ、ズバ抜けて高い税率を適用されて当然だ。だが、この論理に、彼らは到底承服し難い。自分が何らお世話になることはない制度やサービスの維持費を、なぜ自分が負担しなければいけないのか。そんな必然性はどこをみても見当たらないだろう。それがリッチスタン的考え方なのである。

ここまで読み進んで来ていただいた皆さんには、リッチスタン人たちのこの発想がいかに見当違いであるかがよくおわかりいただけるだろう。彼らは、完全に税金を会費だと思い込んでいる。自分たちがサービスを享受するための会費。それが税金だと考えている。だから、自分たちにとっては無用のサービスが継続されるために、自分たちが税金を納める必要は毛頭ないと信じて疑わない。そこで、彼らはもっぱら節税のために知恵を絞る。そして、あまり税金を取られない場所を求めてさっさと移住して行く。租税回避型遊牧民。それがリッチスタン人たちである。

そんな彼らの行き先の一つがシンガポールだ。シンガポールでは金融所得には非課税で、相続税も贈与税もない。所得税の最高税率は22％で実質税率は日本のおよそ4分の1。日本からも年間1000人単位の高額所得者のシンガポールへの移住が起きているという。

リッチスタン人たちが租税回避遊牧に出てしまったことで、ある地域の公設図書館が閉鎖に追い込まれた。彼らのための私設消防団は、リッチスタンのゲートの外で起きた火事のためには、けっして出動しない。江戸の昔の大名火消しが、町人たちのために火消しに当たらなかったのと同じだ。リッチスタン人たちは、自分たちのゲートの内側の治安維持のためには細心の注意を払い、カネに糸目をつけない。だが、ゲート外の地域住民の安全安心のために貢献しようとは考えない。

このような行動原理で動く人々には、どんなにこんこんと言い聞かせても、人はなぜ税金を払うのか、わかってもらうことが出来なさそうである。世のため人のためにたくさん税金を納めよう。それが出来るよう、頑張ってたくさん仕事をしてカネを稼ごう。中井貴一さんはそう考える。

それに対して、リッチスタン人たちは、ひたすら自分のために働き、自分のためにカネを稼ぎ、そのカネで自分たち専用のモノやサービスを自分たちの手元にかき寄せる。徹底的に1対1の受益性にこだわりまくる。中井貴一型納税者が減れば減るほど、そしてリッチスタン型遊牧民が増えれば増えるほど、弱者たちはその生存権を脅かされることになる。

そこに無償の愛ある時、税は身を助く

「芸は身を助く」という。この格言を少々言い換えて、「税は身を助く」と言ってもいいと思う。ただし、芸が助ける「身」は我が身。税が助ける「身」は他者の身である。このことが、中井貴一さんは実によくおわかりだ。そして、リッチスタン人たちにはまるでわからない。

「芸は身を助く」の意味するところを辞書で引けば、「道楽でおぼえた芸が、おちぶれたときなどに生計をたてるのに役立つ」とある。すると、「税は身を助く」の方は「道楽者

が納めた税が、おちぶれた人などの生計をたてるのに役立つ」などというふうに解説出来そうだ。「道楽者」や「おちぶれた」という表現が引っ掛かるようであれば、「高額所得者が納めた税が、貧困層などの生計をたてるのに役立つ」と書き換えてもいい。

我が芸が我が生計をたてるために役立つ時、人はその「我が芸」によって報酬を得る。有償で芸を披露するわけだ。これに対して、我が税が他者が生計をたてるために役立つ時、人はその「我が税」によって何ら報酬を得ない。納税行為は無償の行為だ。つまり、そこにあるのは無償の愛だ。納税とは、無償の愛の表現なのである。1対1の代償を求めず、より良き社会の基盤づくりのためにカネを出す。この無償の愛が納税倫理というものの基盤を構成する。

この認識が正しいとすれば、税金を取る側にいる政府の責任は実に実に重大だ。国民の皆様の無償の愛が生み出した資金。それをお預かりして公的サービスに投入し、所得再分配効果を実現して行くのである。ビタ一文たりとも無駄使いすることは許されない。まかり間違っても、自分たちの野望や目論見のために私物化したり、自分たちの損得勘定に基づいて使い方を決めたりしてはならない。無償の愛の重みを渾身の力を投入して受け止める。自分たちが受け止めているものの貴重さを片時たりとも忘れない。この構えと覚悟に揺ぎなき者たちでなければ、徴税という任務に携わってはならない。納税側の無償の愛の受け皿として、いかに真摯に、精緻に、無垢に働けるか。徴税側にそれが問われる。

本書の「まえがき」でSF名人ロバート・A・ハインラインの「強い酒には注意が必要だ。一杯やると徴税人に向かって発砲することになる。しかも手元が狂って撃ち損じる。」という言葉をご紹介した。徴税人たちが無償の愛の管財人として、純な思いに満ちて懸命に働く人々であれば、どんなに強き酒を爆飲しても、このような事態には至らないはずだ。世の中が善き納税者と善き徴税人で満ち溢れるようになった時、ハインラインのこの名言は、「強い酒には注意が必要だ。一杯やると徴税人をハグしたくなる。しかも手元が狂って空振りする。」というふうに言い換えられることになるだろう。

もっとも、税はけっして当初から無償の愛の結晶だったわけではない。税が明らかに会費であり、納税行為が確実に見返りを伴う時代があった。長い歴史の中で紆余曲折を経ながら、税は無償の愛への旅を続けて来たのである。そして、ようやく、ここに辿りついた。

我々がこの道を逆走し始めるようなことがあってはならない。だが、ふるさと納税の集客力やリッチスタン人たちの振舞いをみていると、逆走の懸念がいささか深まる。その方向に向かわないためにも、ここに至る経緯を振り返っておくことが必要だと思われる。無償の愛に向かう税の歴史的旅路をたどる。それが次章の課題だ。

第2章
税金が収奪から擁護にいたるまで

前章末尾で申し上げた通り、本章は歴史篇である。税金がその起源から今日にいたる過程でどのような変貌や変質を遂げて来たのか。そのプロセスは、税金に関する人類の考え方のどのような変化を反映したものであったのか。税が「他者の身を助く」ためにあり、だからこそ、そこには無償の愛が要の位置づけを占めていなければならない。このことを、人々はいつから認識し始めたのか。この認識は、今日、どこまで本当にしっかり共有されているのか。これらのことを、歴史探訪を通じて把握する。それが本章の課題だ。

まずは、遡れるところまで遡って税の出発点を突き止めるところから始める。歴史学者でも考古学者でもない者が挑むにはかなり無謀で僭越なテーマだが、何はともあれチャレンジしてみたい。出発点が決まれば、そこから順次、税の発展過程を見て行く。手順的には、まずは、歴史的な時の流れの上に先駆者たちが刻み込んで来た期間設定や時代区分ごとに、どんな税の仕組みが成り立っていたのかを確認する。その上で、それらの仕組みが示唆する折々の税の性格について考える。あの時代には、人々はなぜ税金を払っていたのか。この時代の場合はどうだったか。あの時代とこの時代では、徴税目的や納税意識のどこがどう違っているのか。これらのことを整理しながら、税と無償の愛の出会いの場面を探し求めて行くのである。

世界史上の時代区分は原始・古代・中世・近代・現代とするのが一般的だ。古代は古代エジプトからギリシャ・ローマ時代へと進む時期。およそ紀元前３０００年から紀元５世紀辺りまでだ。その次に来る中世からは、基本的に西欧が主舞台となる。西欧の中世世界は、14～16世紀まで続いた。中世の終わりを告げたのがルネッサンスの到来だった。それとともに近代の幕が開く。その後、概ね19世紀一杯が近代である。20世紀入りとともに我らにとっての現代が始まった。

日本史の場合には、同じ時代区分名称を使っていても、カバーする年代は世界史のそれとかなり異なる。特に人類史上の早い時期について然りだ。日本の古代文明の幕開けは、世界史上のそれよりかなり遅い。概ね３世紀とするのが一般的だ。ここからおよそ12世紀末までが日本の古代である。飛鳥・奈良・平安と進行する時代である。日本の場合、その先は中世・近世・近代・現代と進む。中世が日本における封建時代前期で、平安末期から鎌倉・室町時代。年代的に言えば概ね13世紀～16世紀である。近世が封建時代後期で、室町末期から安土桃山・江戸時代だ。安土桃山時代は16世紀末の30年ほど。17世紀に入ると江戸時代が始まる。日本の近代は明治維新以降、太平洋戦争終了までとするのが普通だ。つまり、19世紀半ばから1945年までである。終戦とともに日本にとっての現代が幕を開けた。

以上、歴史上の仕切り線をごくざっくり確認した。なお、念のためにお断りしておけば、ここでの仕切り線の設定の仕方は、あくまでも素人が自分の頭の中を整理するためのまさしくざっくり型整理に過ぎない。精緻さは保証の限りではないのだが、この点はどうぞご勘弁を。専門家の間では実に様々な考え方があるようだし、研究が進むにつれて変わって来ている面もあるようだ。言い訳各種も完了したところで、いよいよ、税の歩みを追跡して行く。いざ！

税は古代文明とともに古し

税の起源を求めてどんどんタイムスリップしていたら、ついに古代文明の世界にたどり着いてしまった。要するに、税は文明とともに古いということだ。少なくとも人類が共同生活を営むようになったところから、早々に今日の税金につながる道が開けたと考えてよさそうである。ちなみに、国税庁が語る「税の歴史」の中には次の文章がある。

「原始時代と呼ばれる古代においても、税に似た制度は実在していたと考えられています。正確な記録が残されていない時代ではありますが、考古学研究から類推すると収穫物は一旦神に捧げられ、民に再分配されていたとする説が語られており、これが正しければ、現在の税制度に似た方法であると言えます。」

（https://www.homemate-research-tax.com/useful/22505_tax_005/）

「原始時代と呼ばれる古代」という言い方がすこし引っ掛かるが、それはさておき、確かに、旧約聖書の中にも神に捧げられる諸々の生贄について、それらをその後に誰がどう食べるかということをつぶさに規定している箇所がある。もっとも、それらの規定はあくまでも儀式としての正統性を保持するためのものであるように読める。神の意に適うやり方を明確にするという意図が強く感じ取れる。

そこに、どこまで「民への再分配」の機能を読み込めるか。それは、筆者にはよくわからない。少々深読み過ぎる気がする。ただ、「民への再分配」は慈悲深き神の意に添うことではあると思う。いずれにせよ、無償の愛の表明としての納税に至る道が、神と人間との関わりの開始時点を起点としているのだとすれば、それは大いに素敵なことだ。

素敵感を味わったところで、実際の歴史的経緯を追って行こう。記録されている最古の租税制度は古代エジプトのもので、紀元前3000〜2800年頃に実施されていた。ご存じのパピルス上に、王であるファラオが人民に課す税について記した記録が残されている。ところで、「租税」の「租」は何の「租」か、という問題も実はある。本来であれば、「租」の語源についてもここでしっかり認識共有しておくべきところだ。だが、それをやり出すとどうもあまりにも紙幅を取り過ぎることになりそうだし、本筋を見失う恐れもあるので、そこは省略して租税＝税あるいは税金、租税制度＝税制という風に使わせていただくこととする。ご関心の向きはどうかネット等でご探索下さい。結構、奥の深い世界だ。

と言うわけで、古代エジプトの租税制度をみよう。当時の租税は収穫物の10分の1をファラオに納めるいわゆる「10分の1税」あるいはそれに相当する労役だった。貧し過ぎて10分の1税を払えない農民は、自分の体を張って国家に奉仕することを求められたのである。

この記録に先立つ紀元前３０００年以前の時代にも、人類文明発祥の地である古代メソポタミアで物納や労役の形で税が納められていたらしい。紀元前２１００年頃からメソタミアを支配し始めたウル第３王朝の下では、当時の主要穀物であった大麦について、収穫高の40％以上が税として属州から召し上げられていた。10分の1税ならぬ4割税だ。労役納税方式で行かざるを得ない人々は、時として年に3、4カ月の無償労働を余儀なくされたという。この王朝の初代の王様、ウル・ナンムさんは建設事業にきわめてご執心だったそうであるから、そのために元手も人手もなるべくたくさん確保したかったのだろう。

ここでまた旧約聖書に目を向けてみれば、そこには、先の生贄の分かち合い方ばかりではなく、古代エジプトの徴税制度についても言及がある。旧約聖書のオープニングを飾る「創世記」の中に次のくだりがある。(『聖書・新共同訳』創世記47・23~24)

「ヨセフは民に言った。『よいか、お前たちは今日、農地とともにファラオに買い取られたのだ。さあ、ここに種があるから、畑に蒔きなさい。収穫の時には、5分の1をファラオに納め、5分の4はお前たちのものとするがよい。それを畑に蒔く種にしたり、お前たちや家族の者の食糧とし、子供たちの食糧としなさい』。」

ここでいう「民」はエジプト及びその周辺地域に住んでいた人々である。ヨセフはユダヤ人の始祖ヤコブの息子で、兄弟の裏切りによってエジプトに売り飛ばされたが、ファラオの絶大な信頼を得てエジプト政治の中枢を担うようになった人物だ。このヨセフの機転によってファラオはエジプトの支配者としての地位を確立することになる。その過程で「民」は自分たちの土地をファラオに売り渡し、さらには、自分たち自身がおしなべてファラオの奴隷となってしまう。その上、さらに収穫の５分の１をファラオに納めなければならないというのは、考えてみれば何とも悲惨な話ではある。だが、当時のこの地域は空前の飢饉に見舞われていた。ヨセフの采配でファラオの傘下に入っていなければ、飢え死にするほかはなかった。そんなわけで、このヨセフの対応について人々は、次のように言った（前出47・25）

「あなたさまは私の命の恩人です。御主君の御好意によって、わたしどもはファラオの奴隷にさせていただきます。」

この言い方には何とも複雑な思いを抱かされる。この人たち、ひょっとするとヨセフとファラオに体よく丸め込まれて土地と自由を騙し取られたのでは？　などと、キリスト教信者としては不謹慎なことを考えてしまいそうだ。10分の１税ならぬ５分の１税も取り過ぎではないかという気もしてくる。だが、何しろ旧約聖書は長い長い歴史スペクタクルだ。すべてはその脈絡の中で捉える必要がある。それに、旧約聖書を読み解いて行くには、その全貌をしっかり把握した指導者のコーチングが必要だ。だから、ここで深入りすることは止めておこう。要は旧約聖書の時代のごく早い時期においても、既に収税と納税という概念が存在したということである。

古代も時代が下り、ローマ帝国の支配下ともなれば、様々な税が出現した。代表的なものを挙げておけば、商品の売上げにかかる１００分の１税、被征服者である属州民のみに課せられた10分の１の属州税、同じく属州民が対象の３分の１税などである。相続税や関税もあった。容易にご推察いただける通り、１００分の１税は売り上げ税で、属州税は所得税である。３分の１税は国有地の賃貸料で、収穫物の３分の１を納めることが求められた。

卑弥呼も聖徳太子も税金を取った

日本についてはどうか。日本における税の起源を発見するには、どこまでタイムスリップすればいいのか。答えは弥生時代である。ざっくり紀元前３００年頃から紀元後３００年頃というのが一応の定説だ。日本史の時期区分としては原始期に入る。かの『魏志倭人伝』の中に、税に関する日本最古の記録がある。そこにいわく、「女王卑弥呼が支配する邪馬台国には、建物や倉庫があって、集めた税を納めていた」。納税形態は、収穫物の一部や布だったようである。労役や兵役もあった。

原始から日本版古代の世界に踏み込み、飛鳥時代に入ると、本格的な租税制度と呼ぶにふさわしい形が整って来る。その起点となったのが６４５年（大化元年）のご存じ「大化の改新」だ。ここを起点とする経緯について、前出の「税の歴史」（国税庁）は、次のように説明している。

「このとき人民や土地は国家のものであるという『公地公民』の考え方が政治の方針として定められました。そして701年（大宝元年）には当時の中国で行なわれていた税の仕組みを輸入してアレンジした『租庸調』が制定されます。租とは農民に対して課せられる税で税率は収穫の3％だったとされています。庸は年間で10日間の労働または布を納める税です。そして最後の調は地域の特産物などを納める税の内容でした。

奈良時代にあたる743年（天平15年）には墾田永年私財法が制定され、それまで国の所有だった土地を私有地にできるようになり、寺社や貴族など一部の層によって荘園領主が誕生します。そして農民は土地の所有者である領主に税を納めることになりました。この頃には租庸調という言葉は使われなくなりますが、税の内容としては大きく変わっていません。租庸調に対応するよう順番に表記すると、それぞれ年貢・夫役・公事という呼び名でした。こうした税制度は時代や領主によって若干の違いはありながらもしばらく続きますが、室町時代の頃には年貢が税の中心となっていき、また農民だけでなく商人や職人などに対しても税が課せられるようになっていきます。」

「公地公民」が制度として実際にどこまで確立したものであったか、また「墾田永年私財法」の制定によってどこまでラジカルに体制が変わったかということについては、近年大いに論争があるようだ。必ずしも、国税庁が書いているようにきれいに整理出来てしまうわけでもないらしい。この点はひとまず記憶に止めておくとして、いずれにせよ、租税制度という観点からみる限り、飛鳥時代に「租庸調」の三点セットスタイルの仕組みが導入され、奈良・平安と続く古代期を通じて、名称はともかく仕組み的に大きな変化をみることはなかった。そのように考えておいてよさそうである。国税庁の記述にある室町時代は既に中世に入っている。平安末期から鎌倉・室町と続く時代が日本の中世すなわち封建時代前期である。

元始、税金は強い者が弱い者から取っていた

さて、いかにも駆け足だが、ここまでで、この旅の「古代の税制」ツアーというべき部分が終わった。あまりにも駆け足過ぎたから、ここで少し立ち止まろう。旅は見聞もさりながら、見聞した諸事の反芻整理が肝心だ。ここまでのところで、いわば黎明期の租税制度というものについて、何がわかったか。ひとまず列記してみると、次のようになる。

・税は強き者が弱き者から取る
・税は持てる者が持たざる者から取る
・税は支配者が被支配者から取る
・税は支配の確立強化のために使われる
・物で納められない税は体で納める

概ねこんなところか。順次、考えて行こう。

古代エジプトでは、ファラオが最強の存在だった。旧約聖書が語るヨセフの大出世エピソードにあらわれている通り、当時のファラオは周辺地域の住人たちから土地をゲットし、彼らを奴隷として勢力をどんどん強化して行った。そのようにして最強化を果たしたファラオがまったく弱い立場にある民から10分の1税や5分の1税を取り、彼らを労役に駆り出した。

強き者であるということは、すなわち持てる者であることにほかならない。エジプトのファラオたちも、ローマ帝国の皇帝たちも、広大な土地を所有し、その土地の使用料として人々から収穫物を召し上げたり、売り上げの一部を頂戴した。この辺り、やくざが人々からしょば代を巻き上げるのとあまり変わらない。というか、やくざが基本的に古代の租税制度をお手本に商売をしているのかもしれない。日本の邪馬台国にせよ、「公地公民」や荘園制度の下においてにせよ、この構図は同じだ。腕力のある者がその手元に資産を集約し、資産を我が物として囲い込む。それが農地であれ何であれ、そこへのアクセスを得たいと思う弱くて持たざる者は、税という名の入場料を強くて持てる者に納めなければならない。

強き者で持てる者だということは、すなわち支配者だということである。ファラオもローマ皇帝も、日本の天皇たちも荘園主も、皆、支配者として君臨し、その立場で税を徴取し、人々に労役を要求した。そして、支配者たちはその支配権の安泰を図り、さらに強化していくために納税者たちから召し上げた収穫物を活用し、彼らの労働力を大いに当てにしたわけである。

古代メソポタミアのウル第3王朝では、前述の初代王、ウル・ナンムが建設事業に力を入れた。むろん、それは支配力の確立強化のためだったわけで、そのためにモノもヒトも集められるだけ集めようとしたに違いない。この場合には、ひょっとすると、モノを納めてもらうより、体で貢献してもらう方が支配者的には好都合だったかもしれない。

強くてリッチな支配者がその支配の継続と躍進のために、弱くて貧乏で蹂躙されている者たちに収穫物などの差し出しを強要し、帝国や荘園の維持拡充のために彼らをこき使う。これが古代という名の黎明期における租税制度の姿だったわけである。端的に言って、完璧な収奪の構図だ。その情け容赦なさに改めて愕然とする。

この姿は、今日的租税制度が目指しているはずの役割とあまりにもかけ離れている。その役割とは、人々が無償の愛に基づいて他者の身を助けられるように、人々を手助けすることだ。そのような共同体を実現する仕組みとして、機能することである。この機能を有効に発揮するためには、税は弱き者のために強き者から取らなければならない。持たざる者の生存を支えるために持てる者から取ることが求められる。

今日、税を取る者はけっして支配者ではない。徴税責任を担う国家は、国民に対する奉仕者である。国民に対する奉仕者である国家は、支配確立のために税を使おうとするような野望を微塵も抱いてはいけない。徴税責任を担う国家が国民を労役に駆り出すことなど、ありえない。

かくして、黎明期の租税制度は、今、我々が租税制度に求めるもの、あるいは求めるべきものと実に遠いところにあった。古代の租税制度も、基本的に共同体の維持管理のためのコストだった、という見解もある。それを全否定することは出来ないだろう。きっと、世のため人のために領地の広さと豊かさを維持し、高めようとした支配者たちが存在したことではあろう。だが、それはあくまでも個々の支配者の気質や心意気の問題だ。構造的に、強き者による強き者の支配維持のための収奪的仕組みであったことは間違いない。

収奪型税制への「消極的抵抗」の時代

収奪型租税制度の下で、古代の民はとことん酷い目にあった。ただでさえ、そもそも重税にあえでいたさらにその上、徴税人たちの上前はね行動が彼らの負担に輪をかけた。

エジプトのファラオたちは主として書記官たちに徴税の実務を委ねた。ところが、この徴税担当者たちが税のピンハネで私腹を肥やすこと著しかったのである。そのために、ファラオの手元に届く実質的な税収が減ってしまい、国家財政が窮地に陥るという事態さえ発生した。そうなると、ファラオはさらに税率を上げる。すると人々はさらに重税に苦しむことになる。だが、むろん、徴税人たちのピンハネは止まるところを知らず、税収減と税率引き上げの悪循環がひたすら続くことになった。たまったものではない。

ローマ帝国が世に広く君臨する時代となっても、この構図は続いた。特に厳しい徴税環境の下に置かれたのが、属州民たちだった。彼らに関する徴税はそれを専業とする徴税請負人たちが担当した。彼らは、属州総督に成り代わって徴税実務に当たった。そして彼らもまた、熱心なピンハネ活動を展開した。法定税率を上回る水準の税を勝手に取り立てて、差分を総督と分け合って懐に納めるというやり方が常態化していたのである。

おまけに、やがては徴税請負人たち自身が実際の徴税業務を再下請けに出すようになった。すっかり権力と富を蓄えた彼らは、自らあくせく税の取り立てに奔走するのが馬鹿馬鹿しくなったのだろう。こうなると、当然ながら、今度は二次下請けの徴税人たちがこれまたピンハネ活動にいそしむことになる。かくして、属州の民はひたすら底なしの重税地獄に引きずり込まれて行くのであった。

もっとも、こうした強き徴税者たちによる弱き納税者いじめにも、徴税側に跳ね返る自滅効果が内在していた。あまりの重税に耐えかねて人々が夜逃げしてしまえば、税という名の卵を生むニワトリがいなくなる。ここで、日本の中世から近世にかけても「逃散」という農民行動があったことを思い出された読者もお出でだろう。あるいは、夜逃げもままならず収穫物をすべて徴税者たちに巻き上げられて、人々がどんどん飢え死にしていけば、これまた、税金卵の生み手が存在しなくなる。実際にこのような事態に当面して、支配者たちが重税路線を見直す場面もみられたのである。

時代が下るとともに、やがて人々は逃げたり死んだりという「消極的」抵抗に終始するばかりではなくなって行く。次第に反逆に出るようになった。反乱したり、革命を起こすという形で強き者による弱い者いじめ税制の打倒に打って出るようになるのである。

その過程では、人はなぜ税金を払うのかという我らの本源テーマに関する社会的認識が大きな変貌を遂げて行く。この変貌に大きな一役を買ったのが、近代中期に開花した啓蒙思想であった。おっといけない。このように先走って歴史を早送りしてはダメだ。人々が反体制革命に目覚めるにいたるには、それに先立って弱い者いじめの略奪型租税制度がさらにその「洗練度」を高める時代があった。それが中世という時代である。次のこの時代をみて行こう。

封建制の階層的支配構造

というわけで、中世の世界にやって来た。本章の冒頭でも申し上げた通り、ここからは基本的に西欧エリアが我々の歴史探訪の主舞台となる。本来であれば中国やその他アジア地域などの税制についても、その歴史を探求してみたいところではある。だが、それをやり出せば切りがない。あくまでも、略奪型から出発した租税制度の今日にいたる歩みを大づかみにとらえるという観点から、旅のルートを設定して行きたい。

そこで、西欧の中世世界である。そこは封建制の世界だ。この時代の終幕に近いところでは絶対王政が登場する。つまりは、絶対王政化という形での権力の過大集中が、この時代の幕引き役を演じることになった。そう言えそうな気がする。

これは歴史家ではない筆者の勝手解釈だから、無視していただいた方がいいかもしれない。ただ、ここで思い浮かぶ歴史的賢人の有名な言葉がある。それは「絶対的権力は絶対的な腐敗をもたらす」である。19世紀イギリスの歴史家であり政治家であり、大論客だったジョン・ダルバーグ＝アクトン男爵の名言だ。

絶対的権力を手に入れてしまうと、そこから腐敗と堕落への転落が始まる。そして、その先には滅びが待ち受けている。思えば、古代の絶対王政ともいうべきローマ帝国も、内なる腐敗の浸潤の中で崩壊して行った。その過程では、収奪型租税制度の弱い者いじめが行き過ぎて、かえって税収が落ちるという愚行も蔓延したわけである。これぞまさしく、絶対権力の自壊現象の典型だと言えそうである。

また話が先走った。まずは封建制の世界にフォーカスしなければならない。封建制という言葉の意味するところは時代や地域によって若干違うが、要は国王を頂点とする階層的な統治体制だ。国王は諸侯すなわち貴族たちに「封土」として領地を下しおく。こうして土地領有権を得た貴族たちが封建領主だ。彼らは領有権の代償として主君に忠誠を誓い、地代を支払い、要請に応じて兵力を提供した。

こうして王様に尽くすためには、財源が必要だ。この財源を賄うために、封建領主たちは領民から租税を徴取したのである。つまり、封建制とは、言うならば王様による王様のための代理統治システムだ。国王が権力構造の頂点に立ち、その手元にすべての富が集中して行く。その限りでは、封建制下においても国王が絶対的権力を握っていたと言えるだろう。

ただ、封建制の特徴は、この権勢維持と富の集約機能を代行するために階層的な機構が構築されていたところにある。王様たちは、その勢力が強まり、その領地が拡大すればするほど、ご本人が自力単独で支配体制を維持することが難しくなった。封建制は、この支配業務を代行するための仕組みだったわけである。その各段階で、貴族や騎士たちがそれなりの権力を掌握していた。そして、このシステムの最下層部分を構成していたのが、農民であり農奴たちだった。

こうしてみれば、封建制は国王を頂点とする支配の仕組みでありながら、かなり分権的な特性を有していた。時代が下るとともに、これが国王直属の官僚機構や軍隊による直接支配に変質して行き、絶対王政へと移行したのである。それ以前の段階では、国王と言えども、封建領主たちにそれなりに気をつかいながら生きていた。どれだけ効率的で確実に、自分の手元に富が集約されるか。このことが封建領主たちの手腕と忠誠心にかかっていたのであるから、これは当然だ。

さらには、一朝有事ともなれば、彼らの軍事力に依存しなければいけない。こうした状況下で形成された力関係に、相当に微妙なものがあったことは驚くに当たらない。前述の通り、古代世界においても、支配や徴税の実務を秘書や専任の請負人に託すというやり方があった。だが、封建制はこれを拡充し、徹底的にシステム化した。この徹底的なシステム化のおかげで、封建制が持つ分権的特性が醸成され、強化されて行ったわけである。

封建制下で税金を払わなかった人々

さて、ここからがようやく本題である。中世欧州の封建制の下で、人々はどんな税を何のために納めていたのか。当時における租税の種類と性格はどのようなものであったか。そこにあったのは、権利か義務か博愛か。

まず、初めに確認しておくべきことが一つある。それは、この時代に誰が租税を納めていたかという点だ。むしろ、誰が租税を納めていなかったか、と言った方がいいかもしれない。なぜなら、この時代には納税を免除されていた人々が結構いたのである。

そもそも、国王は納税していなかった。そんなこと、あえて言うまでもないと思われるかもしれない。だが、考えてみれば、これはなかなか深淵な問題だ。もしも税金が無償の愛の表現であり、弱者のために強者が払うものなのであれば、権力構造の頂点に立つ最強者である国王こそ、最もたくさんの税金を払って然るべきところだ。

だが、この理屈が成り立つためには、まずは国家の財政と王家の財政が別建てになっていなければならない。古代も中世も、そのような時代ではなかった。もっとも、国王にしてみれば、自分の統治が安泰であれば諸侯も民も安心して暮らせるわけだから、その体制維持のために納税を求めるのは当然だ、という風に考えてはいただろう。その限りでは、自家の家計と国家財政をそれなりに分けて認識していた面はありそうだ。

だが、これもあくまでも意識上の区分けであって、実際には我が家も国家も基本的にどんぶり勘定で運営していたと考えていいだろう。その上で、民の安全安心の守護神である自分の生活費は、民が負担するのが筋だと納得し切っていたのが実情だろう。

ちなみに、イギリスの王室には、今日なお基本的に免税特権がある。だが、それには王位継承順位などに基づく微妙な濃淡がある。なお、現役君主のエリザベス二世は、1992年から所得税と資本利得税を払うようになっている。そうすることを自主的に申し出たのである。経済状況が悪化する中で、王室人気もズルズル低下してしまうことに、何とか歯止めをかけようとしての決断だった。女王陛下の中世のご先祖様たちがこのことを知ったら、さぞかし度肝を抜かれることだろう。自分たちの時代が中世で良かった。誰も、自分たちが税金を払わないことに疑念を抱かない時代で、本当に助かった。しみじみ、そう思うに違いない。

話を先に進めよう。中世欧州に納税を免れていたのは、王様ばかりではなかった。王家に近い高級貴族、聖職者、そして一部の裕福な豪商たちなども税金を払わずに済んでいた。要するに、この時代の特権階級にとっては、税金を払わないことが一つのステータス・シンボルになっていたわけである。

ここで、この中世の状況と「税金は会費なり」という今日の日本の財務省やルーズベルト大統領あるいはスヌーピーさんの考え方を突き合わせると、面白いことに気がつく。当時の特権階級は、会員制クラブ的に言えば特別会員である。だから一般会員には適用されない特別待遇を受ける権利を有していた。彼らだけに与えられる特典があった。

ところが、彼らに与えられた特典は、今日的会員制クラブの特別会員に与えられるそれとは大きく性格が異なっていた。なぜなら、今日的会員制クラブの特別会員は、一般会員よりも高い会費を払う。だからこそ、彼らは特別扱いを受ける。前章で確認した通り、そもそも、この関係を税金に当てはめて考えてはいけない。

だが、今この瞬間だけこの点をさておいて、ひとまず、中世封建制国家を会員制クラブに見立てれば、どうなるか。この会員制クラブの特別会員は、一般会員より高い会費を払っているから特別会員なのではない。何と、会費を払わないから特別会員だったのである。

この対比から何を読み取るか。現代において税金会費説を取る皆さんは、たくさん税金を払うことには、それに見合った恩典が伴わなければいけないと考える。だが、中世の特権階級の皆さんは、税金など一切払うことなく、ほしいままに恩典が得られて当然だと考えていた。どちらがより図々しいかと言えば、一応は後者の方だということになるだろう。

ただ、前者もそれなりにえげつなくはある。ノブレス・オブリージュ（noblesse oblige：特権には義務や節度が伴う）という言葉は良くご存じの通りだ。特権にはそれにふさわしい高貴な寛大さや節度が伴うという意味だ。日本の武士道精神にも通じる面があるだろう。このフレーズのルーツは古く、古代ギリシャに遡るようだ。だが、中世の特権階級も現代のリッチスタン人たちも、この由緒ある言い方について体よく知らぬ顔の半兵衛を決め込んでいる。その意味では、しょせん、同じ穴の狢だと言えるだろう。納税意識は等しく低い。

こんな調子で、中世は何しろ納税しないお偉方が多かった。ということは、納税義務を負わされた一般人の負担がそれだけ大きかったわけである。当時の一般人とは、すなわち、封建領主の領地内で耕作する農民や農奴、そして、やはり同じ領主の領地の中でも町場で商売をしたり働いていた人々である。つまりは、封建体制のピラミッド構造の中で、その底辺部を構成していた人々である。上層部が応分の負担を担ってくれていればまだしも、上に行けば行くほど納税しない人が多いとなれば、その分を補う負担が重税となって底辺住民にのしかかっていったのである。

むろん、農民も商人も、その中には免税特権を得るところまでは行かないが、充分に豊かな層も存在した。きっと、彼らは会員制クラブの高額会費支払い組の感覚で、１対１の受益性の無さに不満を抱き、不平たらたらだったに違いない。会費不要レベルのステータスをゲットしようと、然るべき方面に向かって戦略的な付け届けに余念がなかったかもしれない。結局のところは、そんな技を持ち合わせるはずもない底辺中の底辺部の人々が、重税の直撃を受けたわけである。

そんな彼らが置かれた状況について、14世紀イギリスの神学者であり、社会と宗教の改革を唱えたジョン・ウィクリフ（John Wycliffe）が「諸侯は、貧しい人々に不当に高い租税を課すことで悪事を働いている」と声を上げた。重税負担に対応しようとする中で、貧困層は飢えと渇きにあえいでいる。諸侯は彼らの肉を食らい、血を吸って生きながらえているにほかならない。ウィクリフはこのように叫び、社会変革の必要性を精力的に唱えたのである。収奪型税制に対する痛烈極まりない一撃だ。

だが、ウィクリフが主張したような社会変革と租税意識の変位が生じるまでには、まだまだ長い時間を要した。まずは、ウィクリフが言う諸侯の人肉食い的で吸血鬼的な徴税がどのような形を取ったのかをみておこう。

封建制下で税金を搾り取られた人々

封建制の下で取られた租税の中で最も中軸的なものが土地税すなわち地代である。何しろ「封土」が支配構造の基盤になっているのであるから、これは当然だ。誰もが、自分のすぐ上の支配者に地代を払う。そして、そのために自分のすぐ下の階層から地代を取る。地代を払うために地代を取るという仕組みだ。

だが、最下層に位置する農民や農奴には地代を取る相手がいない。ひたすら巻き上げられるばかりである。農奴は事実上の奴隷であるのに、それでも耕作による産物や自らの労働力の提供による納税を求められた。この辺りは、古代エジプトの場合と同じ徹底搾取の構図だ。地代のほか、農民・農奴に課せられた租税に次のようなものがあった。

・保有地移転料
・死亡税・相続税
・施設使用料
・婚姻税
・賦役

地代に次いで次第に大きな税源となって行ったのが商人たちの稼ぎとそれを元に彼らが形成した資産であった。実際に、中世も後半に入って13～14世紀ともなると、領主の城下町に出て商売で富を蓄える人々が増えて来た。彼らは土地を所有しているわけではない。だから、彼らから地代は取れない。そこで、領主たちは彼らの経済活動とその果実からも税収を上げようとするようになった。その機能を果たしたのが、次のような租税であった。

・市場税
・入市税
・営業免許税

・関税
・通行税

さらには、農民・商人を問わず、どこに住んでいようと、何をしていようと取られる租税というものも出現した。それが人頭税である。人頭税にもいろいろなタイプがあるが、典型的にはすべての成人に均一レートでかけられる。例えば、1377年にイギリスで導入された人頭税は14歳以上のすべての男女に一人あたり4ペンスという水準で課税された。

こういう形でまさに人間一人頭ずつに課せられた租税は、特に大家族の家計にとって大きな負担になった。「頭数」が多いばかりに、人頭税をたくさん納めなければいけない。そのような憂き目にさらされた中世の貧困世帯は、家財道具を売るなど苦肉の策で納税のための資金を調達しなければならなかった。売りに出すモノがあればまだいい。場合によっては身売りなども強いられたかもしれない。

ちなみに、この人頭税を現代において復活させようとしたのが、かのマーガレット・サッチャー英国首相だった。サッチャー首相は、従来、地方税の一環として徴収されていたレイツ（rates：支払い家賃を基準とする不動産課税）をコミュニティー・チャージ

（community charge）に切り替える方針を打ち出した。１９９０年のことである。住んでいる家の価値を基準とするレイツとは違って、サッチャー氏が構想したコミュニティー・チャージは、すべての成人から一定額を徴収することを想定していた。実際の金額は各自治体の財政事情に対応して設定することになっていた。

このやり方が、英国民に直ちに中世の人頭税を想起させた。コミュニティー・チャージというネーミングはどこかに消し飛び、反人頭税暴動が全国津々浦々で多発することになった。富裕層からも貧乏人からも一律に税を巻き上げるとは何事か。この怒りの声がロンドンの街中を埋め尽くした。機動隊も出動し、市街戦状態があちこちで発生したのである。折しも、筆者がロンドン駐在となって間もない頃の話だ。記憶が生々しくよみがえる。結局はこの人頭税騒動がサッチャー政権の息の根を止めることになったのである。

人間の頭数のうちにカウントされる限り、税金を払わなければいけない。思えば、この発想の中には、やはり税金は会費だという考え方が内在していると言えるだろう。社会の一員扱いしてもらいたければ、一律の会費くらいは払えよ。そう言われているイメージだ。言わば問答無用の徴税姿勢だ。この扱いに対して、当時のイギリスの中で必死で日々の生計を立てていた低所得層が猛反発したのは理解出来る。だが、こうして人々が気に食わない租税制度に反発して猛然と立ち上がるのも、それに他の人々が共感出来るのも、我々が現代に生きているからだ。

中世封建制の最下層に身を置いていた人々の中には、まだまだこのような意識が形成されてはいなかった。むろん、怒りはあり、嘆きはあり、歯噛みはあったろう。だが、それらを表明する権利に人々が本格的に目覚めるのは、近代という時代に入ってからのことである。

それにしても、ただちに人頭税とレッテルを貼られてしまうような租税制度を、かの鉄の女、泣く子も黙るサッチャーさんが打ち出したのが、いかにもフィットが良すぎる。ひょっとすると、あの頃の鉄女さんは自分が中世の王様になったような誇大妄想に駆られていたのかもしれない。

それはともかく、封建領主たちが徴収した租税はおよそ以上のようなものだった。それらに加えて、この時代に人々がこれまたどこにいようと何をしていようと支払うことを強いられた租税がある。それが、世界史の教科書などにも定番的に登場する10分の1税である。これは、住民が地域の教会に対して納めることを求められたものだ。年間の収穫あるいは収入の10分の1に相当する納税を義務づけられた。ただでさえ、領主から様々各種の納税を迫られていた領民たちが、その上なお、教会への支払いを請求されたわけであるから、泣きっ面に蜂である。しかも、既にみた通り、彼らに納税を求める聖職者ご本人たちは、中世国家の特別会員として納税を免れている。当時の人々は一体どんな気持ちで税金を払っていたのか。一体何のために自分たちはこんな思いをしているのか。さだめしそう嘆きながら、「働けど働けど猶《なほ》わが生活楽《くらし》にならざりぢっと手を見る」というあの石川啄木の心境に陥っていたことだろう。

封建時代の石川啄木たちはなぜ税金を払ったのか

歯を食いしばって、じっと手をみる中世欧州の石川啄木たちに対して、その場にタイムトラベルしていった我々が「皆さんはなぜ税金を払うんですか？」と聞いたら、彼らは何と答えるだろうか。得られるだろうと思われる回答を列記してみれば、次の通りだ。

・王様が国を外敵から守って下さるから。
・領主様が我々の生活を守って下さるから。
・領主様が我々に土地を提供して下さるから。
・そうやって王様や領主様が我々の安心安全を守って下さるためには、強い兵隊さんやたくさんの武器が必要だし、王侯貴族様たちの暮らしが豊かでないといけないから。
・神父様方は貧乏人や病人の面倒をみて下さるし、我々の魂の救いのために尽くして下さるから。

およそこんなところだと考えられる。ただ、このように答えてくれる彼らの表情は虚ろで、目は死んでいるだろう。暗記した内容を機械的に唱えている。有名無実化した建前を空しく諳んじているだけ。回答を聞く我々はそう感じるに違いない。王様や領主様や聖職者の皆さんに大いなる信頼を寄せ、感謝に満ちて本心で答えている。そのような雰囲気は微塵も伝わって来ないはずである。

　ただ、それはそれとして、ここで留意しておくべきことが一つある。それは、いかに有名無実化していたとはいえ、一応、ここで挙げたような諸点が人々が税金を払うことの建前上の理由付けとして成り立っていたということである。そして、注目すべきなのは、これらの理由付けがいずれも1対1の受益性を根拠としているという点だ。外敵から守ってくれる。だから税金を払う。土地を提供してくれる。だから税金を払う。辛い時に面倒をみてくれる。だから税金を払う。国にせよ土地の確保にせよ救済支援にせよ、これらのことをやるにはコストがかかる。だから、それを賄うための税金を払う。そこにあるのは、あくまでも見返りが得られることを期待しての納税意識だ。そして、税金を取る側も、かくかくしかじかの恩恵を与えるのだから、そのコストを負担せよという論理を打ち出して徴税権を主張した。実態的には単に私腹を肥やしていた面が濃厚だったわけではある。

　だが、それにしても、なぜ自分たちが税金を取るのかということについて、何らかの形で正当性を確立しておく必要があるとは意識していたということだ。そして、そのためのいわば理論武装として、1対1の受益性を持ち出した。このような構図がみてとれる。

　もとより、これでは無償の愛の世界とはまるで程遠い。そこには、中井貴一さん的納税精神はまったく見られない。税金を取る方にも、弱者のために強者から徴収するという感覚は皆無だ。ひたすら、取る側と取られる側との「ウィン・ウィン」の関係のことしか考えていない。いずれの側にも利他意識がない。これではいけない。

ただ、それでも、納税側に見返りを求める感覚が芽生え始めたこと、そして徴税側も、何らかの形で説明責任があると感じ始めたという意味では、中世に入って租税を巡る意識に多少とも変化が生じ、若干の進化がみられた。そのように考えることは出来るだろう。

ここを出発点として、収奪型税制への抵抗は、逃亡や死亡という消極的抵抗の領域から、反乱や革命という積極的抵抗へと脱皮する準備が少しずつ整って行く。そしてその先には、世のため人のための租税制度に向かって開く扉が人々を待ち受けていた。このように考えれば、古代が租税の黎明期なら、中世は租税倫理の黎明期だったと言えるかもしれない。

納税倫理がこの黎明期から本格展開期へと進むのは、前述の通り、近代に入ってからのことである。そこに行く前に、日本についても、封建制下の租税のあり方を次項で早足でみておこう。日本史上の時代区分としては、中世および近世がその時期である。

ところで、封建制下の日本を次のタイムトラベル先にセットする前に、中世欧州人たちの納税感覚についてもう一言だけ、付け加えておきたい。既にみた通り、当時においては納税を免れた特権階級が存在する一方で、結構な富裕層ではありながら、免税資格を得られるほど社会的地位は高くない階層が存在した。要は単なる金持ちであって、王家とのつながりもなければ聖職者でもない人々である。これまた前述の通り、彼らの中には、何とか免税特権そのものを手に入れるべくカネに物を言わせようと頑張る人々がいたと思われる。

だが、それがダメなら、次なる手立ては何か。言うまでもなく、免税が無理なら次善の策は節税である。そこで、豪商たちやそれほど偉くない諸侯などは、何とか課税対象資産の価値を低く算定してもらえるよう、必死で徴税実務担当者の買収に注力したようである。この財力頼みの節税作戦によって、中世の成金富裕層たちは、果たしてどこまで成果を上げたのか。この点については、残念ながらよくわからない。だが、このような作戦を展開した人々が存在したことは間違いないようである。

さて、皆さんは彼らのこの行動をどう思われるか。どうも、あまり合理性がないと思われないだろうか。なぜなら、仮に、この賄賂攻勢によって彼らが首尾よく節税を達成したとしても、そのために多額の賄賂資金を費やしているわけである。どうかすれば、節税額よりも賄賂の額の方が大きいということも考えられる。そんなことなら、初めから素直に税金を払っておけばいい。その方が安上がりだ。そう考えそうなものだと思う。

だが、ここでも、やはり1対1の受益性へのこだわりが彼らの中で高鳴るのだろう。結局のところ、どう使われるかわからない。王様や聖職者たちの豪華な衣装やグルメ三昧に充当されてしまうかもしれない。人気取りのために、教会が10分の1税による収入を貧乏人への施しに使ったりするのも業腹だ。それに引き換え、賄賂に費やすカネは、自分たちにとっての節税効果という直接的な見返りをもたらしてくれる。やっぱりこっちの方がいい。こういう論法になるのだと思われる。そんな彼らには、現代におけるリッチスタン人たちの行動原理がよくわかり、大いに共感出来るだろう。ふるさと納税にも飛びつくに違いない。

日本の封建領主たちが張り巡らした税網は密にして漏らさず

日本の封建時代にやって来た。本章冒頭で整理した通り、その前期が日本の中世であり、後期が近世である。中世は平安末期から鎌倉・室町時代に及ぶ時期で、近世は室町末期から安土桃山、そして江戸時代へと進む。中世後期から近世前期をまたいで、群雄割拠の戦国時代が華々しく展開する。

こうしてみれば、日本の封建時代は実に波乱万丈の日々だった。特に江戸時代が本格的に開幕するまでが誠に然りだ。ただ、そうした中でも、租税制度という観点からみればさほどの大激変があったわけではない。再び、前出の「税の歴史」の記述をみよう。次の通りだ。冒頭部分は先の引用箇所と重複する。

「……室町時代の頃には年貢が税の中心となっていき、また農民だけでなく商人や職人などに対しても税が課せられるようになっていきます。関所などで通行税を徴収していたのもこの頃からです。やがて豊臣秀吉によって太閤検地が行なわれると、それまで農地の広さで課税されていた年貢が、実際の収穫高に比例して課せられるようになりました。この当時の税率は収穫高のおよそ2／3という極めて重いものだったと記録に残されています。江戸時代にも税制度は継続されており、当時の年貢は40～50％前後だったと記録に残されています。ただし年貢に関する制定が緩く法の抜け穴が多かったため、この頃に農民の生活は大きく改善されたと言われています。」

もっぱら農民を対象としていた租税が次第に商工業者に広がっていくという展開は、中世欧州と同様だ。人々の生活形態や生計の立て方が多様化するとともに、その後を追って租税の種類も多様化して行ったのである。「天網恢恢疎にして漏らさず」と言うが、こと「税網」に関しては「税網素早く追跡敏にして漏らさず」といったところだ。新たな形態の経済活動が生まれると、直ちに税金が追いかけて来て、あっという間に追いつかれてしまう。いつの世でも、どこの世でも、人々は税金との鬼ごっこに四苦八苦して来たのである。

室町時代に商人や職人たちを対象として導入された新税には、棟別銭《むねべつせん》（家屋の棟数別に課税された税金）、土倉《どそう》役・酒屋役（当時、最大の商人であり、高利貸を行っていた土倉すなわち質屋と酒屋の営業に課税された税金）などがある。

江戸時代の租税状況について、ご覧の通り「税の歴史」は「年貢に関する制定が緩く法の抜け穴が多かったため、この頃に農民の生活は大きく改善されたと言われています。」と言っている。徴税の専門家たちが語る税の歴史であるから、これはこれで「なるほどね」と受け止めておくべきなのだろう。ただ、江戸時代というのは、百姓一揆の多発時代だ。ご承知の通り、百姓一揆は農民が封建領主に対して起こした闘争である。その要因は様々だったが、その中で年貢負担の重さを訴えたものが大きな割合を占めていたことは間違いない。このことからすれば、果たしてどこまで「農民の生活は大きく改善された」のか、少々疑問が残る。

なお、江戸時代に入って税網に新たに加わったのが、ご存じの運上と冥加である。運上は何らかの事業を営むことに対する課税で、ざっくり言えば今日の法人税に相当する。

卸・小売り、精米、酒造、狩猟、漁業等々、およそありとあらゆる営業形態が課税対象となった。冥加は、営業許可や特権付与の代償として領主に献上された。建前上は自主的にお支払いする謝礼金で、金額についても明示的な決まりがあったわけではない。だが、実態的には租税としての性格が濃厚で、次第に運上との区別が判然としなくなって行った。

こうしてみれば、日本の封建領主たちが用意した税網は、その素早い広がり方においても、その網羅性においても、「疎にして漏らさず」ならぬ「密にして漏らさず」振りがなかなか際立つ。この緻密な税網にすなどられた人々は、どこまで、そのことに納得性を感じていたか。さらに言えば、どこまで、徴税側に対して納得性を求める意識を持ち、その意識を表明出来る立場にあったか。徴税側の領主たちは、どこまで自分たちの徴税権について説明責任を認識していたか。そこにおいて1対1の受益性の論理がどこまで幅を利かせていたのかいなかったのか。この辺について突っ込んで行きたいところだ。

節税や脱税を巡る悪代官と越後屋の癒着と攻防についても、関心が強まる。善き殿様たちと悪しき殿様たちの徴税行動の違いなども気になる。だが、この調子であまり深入りしていくと、封建日本の租税迷路の中に封じ込められて出口を見失いそうである。現代に戻れなくなっては大変だ。ここは、ひとまず先に進むこととしたい。次の行き先は近代である。

ルネッサンスから啓蒙思想へ

西欧の近代は、ルネッサンスに始まり、啓蒙思想でクライマックスに達した。そして、このクライマックスは、時代のバトンを近代から現代へと引き渡す役割も演じた。これもまたごくざっくり言えば、このように考えて良さそうだ。

中世を英語で言えばthe Middle Agesだが、これを別名the Dark Agesともいう。暗闇時代である。中世の閉塞的階層社会の中で、人間の想像力や創造性や芸術的感性がすっかり封じ込められた。人間の精神性に暗黒の帳《とばり》が降りてしまった。人類の知的展開という観点からみれば、中世はとてもダークな時代であった。このような認識が、このthe

Dark Agesという言葉を生んだ。

この知性の闇から人類を解き放つべく、イタリアを中心に勃興したのがルネッサンス運動である。その中で、the Dark Agesというネーミングの生みの親であるフランチェスコ・ペトラルカを始め、ダンテ・アリギエリ、レオナルド・ダヴィンチ、ミケランジェロ等々、あまりにも有名な多くの創造性溢れる人々が続々と出現した。

ルネッサンスの最盛期は14～16世紀であるから、近代がそこから始まったというよりは、中世がそれによって終わったと言った方が正確なのだろう。いずれにせよ、この精神的変革のエネルギーが時代状況を大きく変えたことは間違いない。この展開はまた、人はなぜ税金を払うのかという命題に関しても、人々の意識変革を後押しする大きなジャンプ台になったと考えられる。

ルネッサンスの知的延長上にあるのが啓蒙思想あるいは啓蒙主義だ。啓蒙思想の時代をthe Age of Enlightenmentという。Enlightenは「明るくする・光を当てる」の意だ。「教える・啓発する・気づかせる」などの意味もある。ここにも、やはり暗黒の帳から人々の知性を解放するという思いが込められている。18世紀がその最盛期で、主舞台はイタリアからフランスに移った。その代表的思想家たちが、ルネ・デカルト、ヴォルテール、ジャン・ジャック・ルソー、シャルル・ド・モンテスキュー、ジョン・ロック、イマヌエル・カント、バルーフ・デ・スピノザ等々である。

the Age of Enlightenment は、別名、the Age of Reason である。Reason は理性あるいは合理性の意だ。迷信と無知の世界から、理性の力で人々を救い出すというわけだ。ここに、ルネッサンスに始まった知の革命が総仕上げの時を迎える。こんな風に整理してしまうのは少々乱暴かつ単純すぎるかもしれないが、およそこんなイメージで考えてまったく見当違いではないだろう。知的革命が総仕上げに入るとともに、税金を巡る意識と状況も大きな変移を遂げることになる。

収奪型税制の終焉はラ・マルセイエーズとともに

啓蒙思想が知の革命の総仕上げ役を演じたとすれば、啓蒙思想そのものの集大成的な位置付けにあるのが、フランス革命だ。そして、この大いなる市民革命の展開過程においても、不当で過度な重税に対する人々の憤懣が強力な原動力となっていた。

17世紀後半から18世紀初めにかけて、フランスの絶対王政はその頂点に達した。かの太陽王、ルイ14世の時代である。だが、頂点に達すればそこから先は転落か消滅あるのみだ。栄耀栄華をほしいままにし、やりたい放題戦争に打って出る。そのような太陽王とその後継者たちの浪費癖が、国家財政を壊滅状態に追い込んだ。

そうなればなるほど、彼らはその窮地から一段の重税政策によって脱出しようと試みる。そうなれば、既にみた通り、何しろ税金を払っていない特権階級が分厚い時代であったから、一般市民にのしかかる租税負担はどんどん耐え難いものになって行ったのである。しかも、その重税は、自分たちを外敵から守ってくれたり自分たちの生活を支援してくれるために使われるわけではない。王侯貴族の勝手気ままを実現するために費やされるのである。人々の憤懣はいや増すばかりだ。

こうした人々の怒りとやりきれなさを論理と合理性をもってバックアップする。この役割を果たしたのが啓蒙思想の論者たちだった。モンテスキューは著書『法の精神』の中で「国王が要求する租税に対する同意権を持つ議会を設けるべき」と唱え、ルソーも「租税とその使途についての議決権は人民集会が行使する」と主張した。こうした理論的裏打ちに力を得て、フランス革命への道が開けて行くことになった。ついには、弱い者いじめの租税制度の上にあぐらをかき続けて来た王侯貴族たちが、ギロチンの血祭にあげられる日が来る。そして、1789年8月26日、「人間及び市民の権利の宣言」すなわちフランス人権宣言が憲法制定国民会議によって採択されたのである。これを受けて、1791年9月3日にはフランス初の憲法が制定された。

フランス人権宣言は、その中で租税について具体的に言及している。次の通りだ。

「公の武力の維持および行政の支出のために、共同の租税が不可欠である。共同の租税はすべての市民の間で、その能力に応じて平等に分担されなければならない。」（第13条・租税の分担）

「すべての市民は、自身またはその代表者により公の租税の必要性を確認し、これを自由に承諾し、その使途を追及し、かつその額、査定、徴収および存続期間を決定する権利を有する」（第14条・租税に関与する市民の権利）

フランス人権宣言のこれらの条項の背後にあるのが、万人が有する自然権というものに関する認識だ。自然権は、人々が生まれながらにしておのずと有している権利を指す。端的に言えば、人間が人間として人間らしく生きる権利だ。今日でいう基本的人権のルーツとなった概念である。人間のこの自然権が万全な形で享受される。この状態を保持するために、人々は国家が一定の権力を保有することを許諾する。つまり、人々がその権限の一部を国家に委譲するわけである。この信託を受けて、国家は人々の自然権を守るために必要な機能を果たす。これが、18世紀の啓蒙思想家たちによる社会契約説の考え方の基本骨格だ。

そして、国家がこの自然権擁護機能を果たすために、国家は租税を徴収する。つまり、社会契約論においては、租税とは、自然権の保障のための対価なのである。この対価がいくらであるべきか、すなわち、人々がどれだけの税金を払うべきであるのかについては、人々がその代表者によって構成される議会の立法過程を通じて決める。徴税のあり方と税収の使われ方についても、議会が権限を持つ。この構図が、フランス革命を経て初めて明文化されることとなったのである。社会契約説における自然権思想は、後に「基本的人権」として、広く世界で認められるようになって行く。

自然権擁護型税制の限界

フランス人権宣言の二つの租税条項が成文化された時、租税制度というものの性格は根底的に変わった。ついに収奪型税制の時代に終止符が打たれた。この時をもって、税金は強い者が弱い者から取るものではなくなった。持てる者が持たざる者から取るものではなくなった。支配者が、その支配の確立強化のために被支配者から巻き上げるものでもなくなった。啓蒙思想という名の知の革命、そしてそれを背景とする市民革命を経て、税金は、人々が自らの自然権を確立強化するためにみんなで共有する資金基盤になった。フランス人権宣言の租税条項に出て来る「共同の租税」そして「公の租税」という表現がこの認識を良く表している。

フランス革命を成し遂げた市民たちは、この自然権擁護のため「共同の租税」そして「公の租税」の徴収機能を国家に委ね、そのための権限を国家に委譲した。収奪型税制の時代においては、支配階層が自分たちのための徴税権限を秘書や代官などの代行請負人に託した。だが、知の革命を経た時代においては、人々が国家に徴税代行を申し付けて、そのために必要な権限を託すという関係になったのである。この驚くべき主客転倒によって、人はなぜ税金を払うのかという問いかけに対する答えは、まさしく革命的な変貌を遂げたと言っていい。この問題に関する我々の歴史探訪の旅も、いよいよ終盤に近づいて来た。そろそろ、現代に回帰すべき時が迫っている。

もっとも、これで無償の愛の租税制度につながる道が完全に見通せたと断言することには、少々躊躇が残る。収奪型税制から自然権擁護型税制への変貌は確かに革命的だ。ただ、フランス人権宣言第13条は、「（前略）共同の租税はすべての市民の間で、その能力に応じて平等に分担されなければならない。」としている。これをどう解釈するかはなかなか微妙だが、ここで出て来るのが、「その能力に応じて平等に」共同の租税を分担出来ない市民はどうなるのかという点である。すべての市民に租税分担義務があるというのであれば、この義務を履行出来ない者は市民ではないということになる。市民ではない者には、市民の自然権は及ばない。

端的に言えば、フランス人権宣言は、国家というものに今日でいう社会福祉あるいは社会保障の義務を課しているようには読めない。確かに、この時代においても、貧困救済という概念は芽生えていた。イギリスでも16世紀半ばに既に「救貧法」が成立している。こうしてみれば、この時点でも社会保障制度的なものの萌芽があったと考えても良さそうである。だが、この段階での公的な弱者救済活動は、あくまでも施し的観点から行われていたものだ。犯罪防止という狙いもあった。浮浪者などの施設収容には、事実上の逮捕に近い意味があったのである。つまり、弱者はすなわち犯罪者だと見なす面があったわけである。

ここから無償の愛の租税制度に到達するには、なお、もう一息道のりを要したと考えるべきだろう。ただ、啓蒙思想の立役者であるモンテスキューは、「国家は民衆に『十分な食物、適当な衣服、健康を害さない生活様式』を保障する義務を持つことを主張している」(「啓蒙期フランスにおける自由主義的な改革と地域社会——ボルドー地方長官区の事例——」 空 由佳子・東洋大学人間科学総合研究所紀要第20号・2018年3月)のであり、道のりがもう一息だとはいえ、筋道としては、無償の愛までほぼ一本道に近いコースが設定し始められていたとは言えるだろう。

ここまで確認することが出来れば、それなりに目途が立った感とともに現代に帰ってよさそうである。近代日本の租税制度についてもみておきたいところだが、それでは本章が圧倒的に長くなり過ぎる。我らのタイムマシーンも相当に疲れて来ているだろう。ただ、帰路に就く前に、近代日本も含めて少しだけ寄り道をしておきたい。それが次項の世界だ。

さらば「納税なくして代表なし」こんにちは「代表なくして納税なし」

既にみた通り、中世において特権階級は納税を免除されていた。会費を払っていないことが特別会員の証だったのである。その後、近代から現代に近づけば近づくほど、租税制度クラブにおけるこのタイプの特別会員扱いは消滅して行った。ところが、それと入れ違いに納税が特別会員扱いをもたらす構図が出現し始めたのである。それが、納税要件を伴う制限選挙制度である。納税要件はもとより、一切何らの制限を伴わない選挙制度が普通選挙制度だ。

人類が完全な普通選挙制度にたどり着くまでの道のりは、無償の愛の租税制度にいたるそれに負けず劣らず、あるいはそれにも増して長かったといって大過ないだろう。

西欧世界においても、幅広く普通選挙が行われるようになったのは概ね19世紀以降のことだ。つまり、近代後期以降である。知の革命の本拠地フランスでは、憲法制定の翌年である1792年に普通選挙が実施された。だが、その後の王政復古で時代逆行に見舞われた。再び普通選挙が実現するには1848年の二月革命を待たねばならなかったのである。

議会制民主主義発祥の地と目されるイギリスに目を転じれば、普通選挙の実施は実はフランスに後れをとった。17世紀半ばの清教徒革命以来、「納税と選挙権は表裏一体」とする考え方が根を下ろしていたのである。1867年には財産と納税に関する要件が一応は廃止され、都市労働者の多くに選挙権が与えられた。だが、それでもなお、地方税を納めていることが選挙権の最低要件として残った。

納税要件がまったくない普通選挙制が実現したのは、第一次世界大戦中の1918年のことである。この時、21歳以上のすべての男性と30歳以上のすべての女性に選挙権が与えられた。これでも、女性には男性と異なる年齢制限が設定されたわけだから、厳密な意味での完全な「普通」選挙とは言えない。だが、何はともあれ、納税要件は完全にはずされたのであった。

イギリスに遅れること7年、日本においても納税額による制限選挙が停止された。１９２５年、つまり大正時代末期のことである。この時点で普通選挙法が制定され、国政選挙から納税要件がはずされた。この時点で、日本国籍を持つ満25歳以上の成年男子全員に選挙権が与えられることになったのである。なお、日本において女性の参政権が成立したのは第二次世界大戦を経た１９４５年のことである。

少し時間を巻き戻しておこう。明治23年に始まった大日本帝国議会においては、衆議院議員を選ぶ国政選挙の投票権が国税を15円以上納めている満25歳以上の男性に限られていた。貴族院は非公選で、主に終身任期の皇族・貴族の議員で構成されていた。ただ、実際には彼ら王侯貴族に加えて、各府県から1名、「多額納税者議員」と呼ばれる議員が議席を確保していたのである。彼らは任期7年で、各府県の高額納税者上位15名による互選によって選出されていた。高額納税で特別会員ステータスをゲットしている人々が存在したわけである。

「代表なくして課税なし」という言い方は良くご存じの通りだ。アメリカ版啓蒙思想運動がもたらしたアメリカ独立戦争の合言葉である。議会において代表権を持たない者たちに勝手に課税するとは何事か、という主張である。だが、その当時の実態としては、実は「課税なくして代表なし」だったわけである。

「課税なくして代表なし」は、税金を払うことは特別扱いにつながって当然だという発想に基づいている。こうしてみれば、今日における租税会費説的考え方はこの辺りにルーツがあるのかもしれない。今日の日本の財務省の租税認識は、明治政府のそれを引きずっている。そういうことかもしれない。この発見に逢着したところで、我らがタイムマシーンの針路を21世紀に向けて設定しよう。再び、いざ！

第3章

消費税とはどんな税金なのか

歴史探訪から無事帰還した。久々に今の租税環境の中に立ち戻ったところで、本章では、消費税というものに焦点を当てたい。今の日本で税金について考えるなら、消費税を取り上げないわけにはいかない。人は無償の愛に基づいて他者のために税金を払う。このテーゼとの関係で、消費税という形態の租税には、どのような位置づけと機能があるのか。それを考えてみたい。

消費税には直接税と間接税があり、間接税が直接税になることがある

さて、ここで初めに認識を共有させておいていただくべき点がある。ややこしいことに、この消費税という言葉には二つの使い方がある。その一が、消費課税という徴税の仕方全般を指す使い方だ。その二が、日本における消費課税を指す使い方だ。後述する通り、日本の消費税は、原則としてすべてのモノとサービスの消費に対して課される「一般消費

税」である。そして、取引の各段階で発生する付加価値を課税対象とする多段階付加価値税である。このような方式による消費課税について、他の国々では「付加価値税」（Value Added Tax：VAT）あるいは「物品・サービス税」（Goods and Services Tax：GST）などの名称を使っている。

なぜ、日本だけ「消費税」というネーミングにしたのか。そこには、どうも、なかなか深いわけがあるらしいのである。この点については後述するが、いずれにせよ紛らわしい。本書では、消費課税全般に言及する場合に「消費税」を使い、日本の消費税を取り上げている場合には「日本版消費税」という言い方をすることとしたい。

というわけで、まずは、一般的な意味での消費税に関する基礎知識的全貌を整理しておこう。その上で、日本版消費税に目を向けて行きたい。

消費税というものには、大別して直接税と間接税がある。とかく、消費課税と言えば間接税だと思われがちだが、実はそうとは限らないのである。消費税にもいろいろな類型があり、その多くが間接税方式を取ってはいるのだが、直接税もある。典型的なのが、入湯税（標準税率は一人一日当たり150円）やゴルフ場利用税（同一人一日当たり800

円）などだ。これらの税金は、消費行為そのものにまさに「直接的」にかかるものである。銭湯でお風呂に入れば、一人一日当たり１５０円取られる。ゴルフ場でゴルフをすれば一人一日当たり８００円税金を払わなければならない。これらの場合、お風呂屋さんやゴルフ場の経営者は徴税当局に成り代わってお客さんから消費税をお預かりし、徴税当局に届ける。つまり、徴税代行者の役割を果たすわけだ。古代エジプトにおいて、書記官たちが果たしていた役割である。

これに対して、間接消費税は消費者の消費行為そのものに直接的にかかるものではない。例えば本を買うという行為に対して、一人一回当たりいくら、という形で課されるわけではない。間接消費税は、消費者が購入した本の販売価格にかかる税金である。したがって、その納税義務者は消費者ではなくて、あくまでも、本の販売事業者だ。本屋さんは、本の購入というお客さんの消費行為にかかる税金を、お客さんから預かって代理納税しているのではない。自分がお客さんに売った本の値段にかかってくる税金を納税しているのである。その限りでは、間接消費税は実のところ企業の売り上げに対する直接課税だと言ってもよさそうである。

ただ、ここで目を向けなければいけなくなってくるのが、間接消費税のいわゆる転嫁というテーマだ。本屋さんが1000円の本を一冊売ったとする。消費税率が10％なら、この本屋さんがこの本の販売に関して納めるべき税金は100円だ。ここでもし、この本屋さんが消費税分の100円を売価の1000円に上乗せしてお客さんにこの本を売ったとすれば、10％の消費税の実質的な負担者は本屋さんではなくてお客さんだということになる。

こうして消費税分を販売価格に上乗せするという行為が、消費税の「価格転嫁」である。消費税の価格転嫁率が100％であれば、納税義務者である本屋さんの消費税負担率はゼロになる。つまり、消費税転嫁分を含む値段で本を買うことによって、お客さんが「間接的」に消費税を支払っていることになる。すなわち、この場合の「間接的」には「実質的」あるいは「結果的」の意味がある。

ここで確認しておくべきことは、間接消費税の転嫁率が必ず100％になるとは限らないということだ。100％転嫁は、「間接消費税とはそういうもの」だというういわば理屈上の前提である。だが、現実には、市場環境によってはとてもじゃないが、100％転嫁などしていたら商品が売れない。それどころか、涙を飲んで消費税分を100％自己負担して、販売価格は据え置くこととせざるを得ない場合もあるだろう。

こうなると、間接消費税はもはや間接税ではなくなる。事業者の売り上げにかかる直接税だ。つまり、間接消費税の間接性は販売価格への転嫁率によって変わるということになる。販売事業者にとって、間接消費税の間接性は「動く標的」だというわけである。

この構図を消費者側からみると、何が言えるか。本屋さんで本を買ったお客さんはその本の売価にかけられた間接消費税の納税義務者ではない。だが、転嫁率が100％なら消費税分の金額を丸ごと負担することになる。転嫁率0％なら、負担は一切発生しない。消費者の負担率が100％と0％の間でどの辺に落ち着くことになるのか。これを規定するのは、基本的に二つの要因だと考えられる。

第一に、課税対象商品の市場が売り手市場か買い手市場かということだ。売り手市場なら、売り手側は大手を振って消費税を売価に上乗せ出来る。買い手市場ならそうはいかない。

第二に、課税対象商品の買い手が金持ちか貧乏人かという問題がある。金持ちなら、あまり値段に頓着しない。欲しいものは、多少値上がりしても気にせず買う。彼らに対しては、消費税の価格転嫁が容易だ。つまり、金持ちの実質的消費税負担率は100％に近くなる可能性が大きい。一方、貧乏人はモノの値段に敏感にならざるを得ない。したがって、彼らを相手に商売をしている場合には、彼らの消費税負担率をあまり高くするわけにはいかない。それでも転嫁率を100％にした場合、貧乏人はその商品の購入をあきらめるか、そうはいかない必需品の場合には、他の財・サービスの消費を我慢して値上がりした商品を買うことになる。いずれにしても、これは弱い者いじめだ。これが消費税課税の逆進性問題である。これについては後述する。

市場が売り手市場か買い手市場か。お客さんたちが金持ちか貧乏人か。これらの要因の組み合わせの中で、消費税の価格転嫁率、すなわち、消費税の実質負担率が決まる。どうも、そのように考えてよさそうだ。

消費税の実質負担率を巡るお店とお客さんの綱引きの成り行きは、こうしてみればなかなか複雑だ。痛み分けになるのか。どちらかが一方的に損をしたり得をしたりすることになるのか。さらに言えば、最終消費者の段階に到達する前の転嫁攻防問題もある。製造業者と卸売業者との間の攻防、そして卸売業者と小売業者との間の攻防である。力関係によって、消費税の実質負担者が誰になるかが変わって来るということがありそうだ。一筋縄で答えが出るような話ではなさそうである。ここであれこれ考え始めると、迷路に踏み込んで出て来られなくなりそうだ。一筋縄ではいかないという認識に到達したことをひとまず良しとして、先に進もう。

間接消費税にもいろいろある

前項では、消費税が直接税と間接税に大別されることを確認した上で、間接消費税の「間接性」、言い換えればその実質負担率を巡る消費者と事業者の攻防について考えた。これを踏まえて、本項では間接消費税の諸類型を整理しよう。話はどんどん込み入って来るが、ここは辛抱強くお付き合いいただきたく思う。なぜなら、この辺をしっかり理解しておかないと、人はなぜ税金を払うのかという問題意識との関係で、日本版消費税の意義や位置付けを見極めることが出来ないからである。何事も、基礎からの積み上げが肝心だ。

間接消費税は、個別消費税と一般消費税に大別される。個別消費税は読んで字のごとく、個別のモノやサービスを特定して掛けられる消費税である。例えば、酒税やたばこ税の類だ。日本には、日本版消費税が導入される以前に物品税というのがあった。これは様々な商品に課されていたが、それらの商品が個別的に特定されていて、広くモノとサービス一般を対象としていたわけではないので、個別消費税の一種だったと解釈していいだろう。

対象が特定される個別消費税に対して、一般消費税は、原則としてすべてのモノとサービスに課される。そして、一般消費税にはこれまた大別して二種類ある。単段階一般消費税と多段階一般消費税だ。両者の違いは、モノやサービスの流通過程を通じて、何回税金が徴収されるかということだ。単段階消費税は、流通過程の一つの段階でしか課税されない。流通の出発点である製造業者にしか課税されないなら、製造者売上税である。卸売り業者が課税対象なら卸売り売上税、小売り業者なら小売り売上税になる。これに対して、流通の各段階で課税されるのが多段階一般消費税だ。多段階一般消費税がさらに二種類に枝分かれする。取り引き高税と付加価値税である。

取り引き高税には、一つの大きな問題がある。それは、流通の各段階で税金の上に税金を上乗せすることになるという点だ。例えば卸売り業者の場合、その販売価格は製造業者からの仕入れ価格に利益を乗せたものである。仕入れ価格の中には、(転嫁率100%を前提にすれば)製造業者が納める消費税分が含まれている。したがって、それに利益を加えた卸売り価格を対象に卸売り業者が消費税を納めれば、税金の二重払いになる。税金オン税金になってしまう。流通過程が長ければ長いほど、この税金オン税金効果がどんどん累積することになる。ちなみに、この税金オン税金効果のことをカスケード効果という。カスケード(cascade)は、「降り注ぐ」とか「畳みかける」を意味する言葉だ。言いえて妙である。何も税金にまで税金を払うことはない。いくら無償の愛だといっても、これはやり過ぎだろう。

というわけで、取り引き高税のこの畳みかけ効果を取り除くために出来上がったのが付加価値税である。付加価値税には「仕入れ税額控除方式」が採用されている。つまり、流通の各段階では、その前段階で既に納められている消費税分を差し引いて納税する。卸売

図表　消費税の体系図

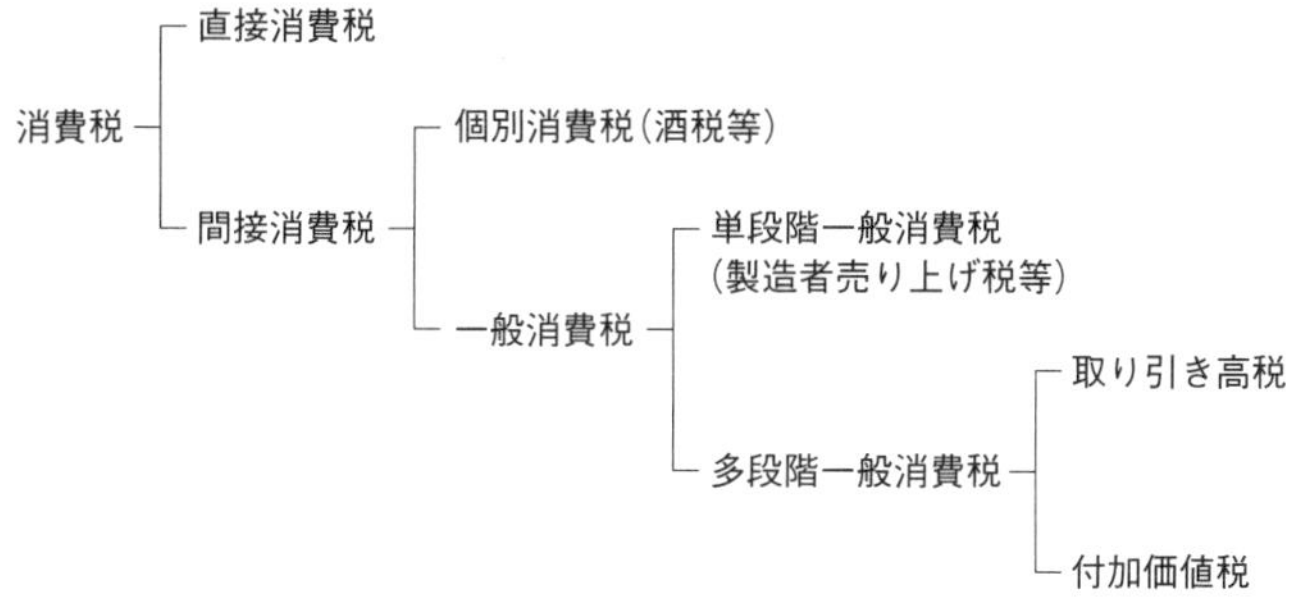

り業者なら、自分の販売価格に上乗せした消費税を丸ごと納めるのではなく、前段階の製造業者が既に支払っている分の税額をそこから差し引いた金額を納税する。これを言い換えれば、自分の販売価格から仕入れ価格を引いた金額に消費税率をかけた額を納税するということになる。つまり、自分の段階で生み出した付加価値を対象に消費税を支払う。だから、付加価値税である。会計計算上の言い方で言えば、付加価値は売り上げ総利益、すなわち「売上高マイナス売り上げ原価」だ。いわゆる粗利である。

　もっとも、厳密に言えば、自分の売値に織り込んだ消費税額から前段階の業者の売値に織り込まれていた消費税額を控除するやり方（前段階税額控除方式という）と、自分の売価から仕入れ価格を引いた金額に消費税率をかけるやり方（前段階売上高控除方式という）では、軽減税率や免税措置などが導入された時の納税額が違って来る。これがまたなかなか厄介な問題なのである。

だが、ここでこの問題に突っ込んで行くとやたらと混迷を招き、皆さんに見捨てられてしまう恐れがある。したがって、ひとまずこの点は無視して先を急ぐことにしたい。その前に、以上の消費税の体系を図示しておけば前ページ通りである。

経済学の生みの親が語る君主のコストと租税の関係

さて、ここまで来れば、次は日本版消費税の検討に進む準備が概ね整ったと言えそうである。だが、実は、その前にもう一つ取り上げておきたいテーマがある。そして、このテーマを扱うためには、またまたタイムスリップの旅に出る必要がある。なぜなら、ここで押さえておきたいのが、経済学の生みの親、かのアダム・スミス大先生が消費課税についてどう考えていたかということだからである。

大先生がその大著『国富論』の中でこのテーマについて論じている。『国富論』は1776年に出版された。だから、大先生の考え方を知るためには、18世紀の世界に出かける必要がある。せっかく現代に戻って来て、しかも今の日本にとってタイムリーな日本版消費税問題に迫ろうというのに、また歴史探訪かよ。そう思われる向きもおいでかと思う。お気持ちもわかる。だが、税の本質に切り込む観点からは、やはりここを素通りしたくはない。

『国富論』は実に巨大な本である。この巨大本の中で、国家財政と租税を取り扱っているのが、第五編の第一章と第二章である（以下、翻訳はすべて筆者）。まず第一章で、君主あるいは国家が果たすべき役割とそれを果たすために発生するコストについて整理している。具体的には、「①国防、②司法、③対外通商全般の保護推進、④特定事業者による対外通商の保護推進、⑤青少年教育、⑥生涯教育、⑦君主の権威発揚」の各項目が君主の役割として特定され、それらにかかる経費が検討されている。

これらの経費をどう捻出するかについて、先生は注目すべき考え方を示している。先生によれば、これら①〜⑦の中で、広く国民全体への徴税で賄うに最も値するのは、①の国防と⑦の君主の権威発揚だというのである。その他の機能については、そのための費用負担は、なるべく、直接的にその恩恵に浴する人々に限定すべきだと主張している。対外通商に必要となる道路や港などについては、それらを利用する商人たちから使用料を取ればいい。教育費は、教育対象となる人々から徴収すればいい。そのように言っている。それでどうしても足りないなら、一般的な税収から資金を充当してもいいが、まずは直接的な受益者に負担してもらうのが筋だろうとしている。

それに対して、国防と君主の権威発揚は、その効用がすべての国民に及ぶ。特定の人々だけがメリットを得るわけではない。だから、堂々と全国民に負担を求めていいだろう。そう先生は言う。この考え方は、現代においても概ね通念化していると言えるだろう。多くの国々の多くの人々が、国防こそ国家の最大の役割だと考えている。これは残念なことだ。いつしか、世界中のいずれの国も国防など考える必要がなく、そのために税金を使うこともなくなる時が来ればいい。来るべきだとつくづく思う。だが、今はまだその時が来ていない。つまり、国防については全国民に応分の費用負担を求めてもいい、というスミス先生の考え方は、今にも通じるものである。

他方、君主の権威発揚の方はどうか。先生は、そのためのコストを税金で賄っていいと主張する理由を、次のように説明している。君主というものには、威厳が必要だ。君主の威厳は国家の威厳だ。君主が地味で迫力に欠ければ、そのような国家は馬鹿にされて存続が危うくなる。それは国益に反する。臣民が豊かになり、華やかな生活が出来るようになればなるほど、君主の暮らしぶりは臣民のそれの上を行くものになっていなければ、恰好がつかない。だから、立派な暮らしぶりを維持するためのコストを君主の経費として認めてあげていい。臣民がリッチさを満喫しているのに、君主だけが質素に生きているのは国益に反する。先生はこのように指摘している。

国王の威厳は国家の威厳で、国家の威厳は国民の威厳だ。この考え方も、やはり今でもそれなりに通念として成り立っているものだと言えるだろう。ただ、本当にそうかどうかは微妙なところだ。王様が国民に対してどれだけのサービス精神を発揮して公務に携わっているかにもよるだろう。

それはさておき、ここでの注目ポイントは、王様の生計費を国民がサポートすべき理由を、スミス先生がきちんと読者に説明しているところだ。これが収奪型租税制度の時代であったなら、誰もこんな説明が必要だとは思わなかったろう。問答無用。強い者が弱い者からしょば代を巻き上げるのは当たり前。支配者の生活を豊かにするために、被支配者がコストを負担するのはまったく当然の関係だ。これが収奪型租税制度の論理であった。そこには、支配者が被支配者のために仕事をする存在だという発想がかけらもない。

それに対して、スミス先生は、君主が臣民のために果たすべき役割を具体的に列記して、そのためのコストを論じている。この発想の飛躍は大きい。スミス先生は経済学の生みの親であると同時に、啓蒙思想の代表的なプロモーターでもあった。経済分野における知の革命の担い手にふさわしく、収奪型租税制度の論理を敢然と棄却している。

ただ、ここで少し気になるのが、スミス先生が列記した君主の役割の中に弱者救済が明示的に含まれてはいないことである。この辺りには、前章でもみた自然権擁護型租税制度の限界が見え隠れする。とは言え、先生は『国富論』の随所で貧困と格差の問題に言及している。そして、一国の富の真の尺度は王様や一握りの富裕層の懐具合ではなくて、働く低所得者層の賃金水準だと主張している。『国富論』に先立って先生が世に送り出した

『道徳感情論』の中では、いかなる人間にも備わっている特性が共感性だと言っている。共感性とは、すなわち人の痛みがわかることだ。もらい泣きが出来ることである。このような考え方に立脚している人が、弱者のために租税収入が使われることを否定するはずはない。経済学の生みの親の感性は、間違いなく無償の愛型租税制度につながるものだと言えるだろう。

経済学の生みの親が語る迂回所得税としての消費課税

『国富論』第五編第一章で租税で賄うべき君主のコストを特定した上で、スミス先生は続く第二章の第二節で当時の主要な租税にフォーカスしてそれらの特性や機能を論じている。

その中で、先生は、租税を収入の種類別に課されるものと、収入の種類とは無関係に幅広く人々に納めてもらうものに大別している。収入の種類別のタイプが、地代や家賃にかかる租税、資本が生み出す収益にかかる租税、労働賃金にかかる租税などだ。今日でいう不動産税、法人税、所得税などに対応する。収入の種類を問わない税金として取り上げられているのが人頭税、そして消費財に対する課税である。

人頭税については、本書の第2章でも取り上げた。土地持ち貴族であろうと、資本家であろうと、賃金労働者であろうと、誰からでも取れる税金として、古くから存在する課税方式である。このやり方について、スミス先生はいたって批判的である。なぜなら、人頭税という租税は、先生が提示した租税のあり方に関する四原則にそぐわない。この四原則は次の通りだ（以下、翻訳はすべて筆者）。

（1）一国の人々が政府の活動を支えるために資金的に貢献するに当たっては、彼らの貢献は可能な限りその能力に見合ったものでなければならない。すなわち、彼らの貢献度は彼らが国家の庇護の下で獲得する収入に比例したものである必要がある。

（応能負担）

（2）人々が納めるべき税金は常に確定していて、そこに恣意性が発生してはならない。納税時期も納税方式も納税額も納税当事者はもとより、すべての人々にとって明らかでなければならない。（恣意性排除）

（3）租税の徴収は、人々にとって時期的にも形式的にも最も便利な形で行われなければならない。（利便性確保）

（4）すべての租税は、人々が納める金額が国庫に入る金額を上回らないよう可能な限り無駄なく徴収されなければならない。（漏洩防止）

まず直ちにわかる通り、すべての人々から一律の人頭税を取るという方式を取れば、第一原則すなわち応能負担の原則に反する。ところが、それはいけないというので人頭税を応能負担の原則に合致させようとすれば、どうしてもそこに恣意性が発生してしまう。なぜなら、様々な立場や職種の人々の資産状況や収入を随時正確に捕捉しておくことは不可能だし、手間がかかりすぎる。したがって、結局は徴税人たちの推量や虫の居どころの良し悪しなどというものが人頭税に関する個別課税水準を決めることになってしまう。これではまずいというので、人々の階級や位などを基準に人頭税の水準をセットしようとしても、やっぱりダメだ。これなら、恣意性は排除される。だが、今度は応能負担が保持されない。なぜなら、身分の高い人々が必ず金持ちだとは限らない。貧乏貴族というものが存在する。しかも、今年は貧乏貴族だった人が来年は幸運に恵まれて金持ち貴族に大変身するかもしれない。

こんな具合に人頭税をこき下ろした後、スミス先生は消費課税の検討に入る。その冒頭で次のように言っている。

「いかなるやり方によっても、人頭税を人々の収入に比例する形で課税することは不可能だ。このことが、人々によって消費される財に課税するというやり方の発明につながったようである。国家は、臣民の所得を直接的そして比例的に課税するやり方がわからない。そこで、臣民の支出に課税することで、彼らの所得に間接的に課税しようと努めているのである。人々の支出は、多くの場合においてその収入に見合っていると考えられるからだ。人々の支出に課税するということは、すなわち、それらの支出の対象となる消費財に課税することを意味する。」

なかなか面白い書きぶりだ。まず、消費課税の起源について、「……というやり方の発明につながったようである。」という言い方をしているのが目を引く。経済学の生みの親といえども、なぜ消費課税というものが出現したかという点については、断定出来るところまで正確には突き止められなかった模様だ。思えば、これも無理もない。ある物事が現出するにいたった経緯については、自分がその当事者だったり、よほど正確な記録が残されているのでない限り、なかなか本当のところは断定出来ない。真相解明に取り組む追及者としては、どうしても推論に頼らざるを得ない部分が出て来る。その推論の鋭さと説得力が腕のみせどころになる。

ここで、NHKテレビの超人気クイズ番組、「チコちゃんに叱られる」を思い出してしまった。あの番組の中に「たぶんこうだったんじゃないか劇場」というのがしばしば登場する。「○○はなぜ○○なのか」という疑問に対して、その起源は「たぶんこうだったんじゃないか」という仮想ドキュメンタリー・ドラマが繰り広げられるのである。それが実にもっともらしい。

スミス先生の消費税こうだったんじゃないか劇場にも、なかなか説得力がある。それもさりながら、この部分の先生の語り口には、どう頑張っても所得税をしっかり応能負担的に設計出来ない徴税当局への同情的侮蔑というか、侮蔑的同情が滲み出ていて笑える。人々の懐具合を探り当て切れない徴税人たちが、苦肉の策として人々のカネの使い方に目をつけた。ふがいないけど、ご苦労さんではある。先生のそんな思いが伝わって来て味わいがある。

だが、この文章は単に味わい深いだけではない。そこには、消費課税というやり方に関する先生の重要な考え方が提示されている。何と言っても注目されるのが、「国家は、臣民の所得を直接的そして比例的に課税するやり方がわからない。そこで、臣民の支出に課税することで、彼らの所得に間接的に課税しようと努めているのである。」というくだりだ。

この書きぶりが意味するところは何か。それは、先生が消費課税をあくまでも迂回的な所得課税だとみなしているということである。ここに出て来る「間接的」という言葉は明らかにこの意味合いで使われている。納税義務者と実質負担者の違い云々という観点からの使い方ではない。

消費課税に迂回的所得課税としての役割を持たせるとは、どういうことか。どうすれば、そうなるのか。そのためには、金持ちからはたくさん消費税が取れて貧乏人からはあまり消費税を取り過ぎないような仕組みにしておく必要がある。そうでなければ、応能負担にならない。そして、迂回的所得税としての消費税を応能負担的に機能させるためには、そこに明らかにあってはならないことがある。それは逆進性である。大先生がおっしゃっていることを正確・誠実に受け止めるためには、まずは、消費に対する課税から徹底的に逆進性を排除しなければならない。

もっとも、ここでやや難しいのが、逆進性を排除することが自ずと累進性を導入することと一対一の対応性を持っているかということだ。この点について、大先生は明確に意思表示をしていない。この辺りをどう解釈するかに関しては、『国富論』研究者の中でも見解が分かれているようだ。

だが、この際、そこは本質的な問題ではない。重要なのは、先生が消費財の購入行動というものを、本来、課税対象とすべき所得の代理変数とみなしていたことである。所得の代理変数に対する課税である以上、そこに所得の大小関係に対応しない負担が発生してはならない。そうなってしまうと、消費税は迂回的所得課税としては機能しなくなる。すなわち、逆進性を伴うようでは、消費税は消費税でなくなる。先生の立論をこのように理解して大過ないだろう。

経済学の生みの親が語る財別消費課税と賃金の関係

経済学の生みの親は、消費課税に関してさらにもう二点、注目すべきことを言っている。その一が、生活必需品とぜいたく品では、消費課税に関する考え方が違って来るということだ。その二が、消費課税と賃金の関係をどう考えるかという点である。

生活必需品に関する先生のとらえ方が鋭い。いわく、「私が思うに、生活必需品とはけっして生き延び続けるためにどうしても必要な物資だけを指すわけではない。ある国の慣習によって、たとえ最下層の者たちでもそれなしに生きることは恥ずべきことだとみなされる。そのような物が生活必需品だと考えられる。」

この観点からみた時、先生の調査によればリネン製のシャツはほぼ欧州全土で生活必需品だった。リネンのシャツなどと言えば、ちょっとオシャレ風に聞こえるが、当時のヨーロッパではTシャツ感覚だったようだ。イギリスのイングランド地方では、どんなに食い詰めている人でも、革靴はマストなアイテムだった。スコットランド地方でも、男性にとっては同様だった。ところが、女性は貧していれば裸足でも人前に出て大丈夫だった。フランスでは、男女を問わず貧困層は裸足が当たり前で、それを恥じる必要はなかったのである。

何をもって必需財とみなすかというのは、実は今日でも経済分析上しばしば問題になるテーマだ。だが、経済学の生みの親の解釈は極めて明快だ。説得力もある。もしも、これからの日本で生活必需品に関する消費税への軽減税率の適用を考えるような場面などがあれば、先生のお言葉を参考にすればいい。該当箇所は、『国富論』第五編第二章第四節の

「消費財に対する課税」に関するセクションの冒頭部分ですよ。

生活必需品をこのように定義した上で、先生は生活必需品と贅沢品では、消費課税がもたらす経済効果が違うと指摘している。ここに消費課税と賃金の関係という問題が出て来る。このくだりの先生の分析と筆運びはなかなか込み入っていて少々厄介だ。そこで、ざっくり省略形で紹介すれば、先生は生活必需品に対する消費課税は、必ずそれに見合った賃金の上昇をもたらすはずだとおっしゃっている。なぜなら、さもなくば、労働者はそれらの必需品の入手困難に陥って生活が行き詰まってしまうからである。労働者の生活が成り立たなくなれば、経済活動も立ち行かなくなる。だから、必需品への消費課税には相応の賃金上昇が伴わなければならないというわけだ。

これに対して、贅沢品についてはこのような関係は成り立たない。なぜなら、贅沢品が値上がりして高嶺の花になったからと言って、労働者の生活は行き詰まらない。大金持ちしか買わないような奢侈《しゃし》グッズなら、そもそも労働者の生活には関係がない。労働者にとってのプチ贅沢品であっても、それを買うことを断念することが彼らの生活を破壊することはない。むしろ、そのプチ贅沢を我慢することで、彼らの家計はかえって状態が改善するかもしれない。いくら値段が上がってもプチ贅沢を諦められないようなだらしない労働者なら、経済活動から脱落してもらっても構わない。のたれ死んでいただいて結構。いずれにせよ、贅沢品への課税に賃金上昇が伴う必然性はない。先生はこんな風におっしゃっている。さすがの洞察だ。ただし、ふしだら労働者に対して少々情け容赦なさすぎる気はする。これでは無償の愛への道からはずれてしまうかもしれない。まぁ、ここはさりげなくスルーしておこう。

先生の過激発言をスルーした上で、整理しておこう。経済学の生みの親は、消費税を迂回的所得税とみなしていた。したがって、消費税に逆進性が発生してはならないと考えていた。そして、生活必需品への消費課税には、必ず応分の賃金上昇が伴わなければ、経済活動が回らなくなるとも考えていたのである。これらのことを脳裏に刻み込んだ上で、再び現代に戻ろう。そして、今度こそ、日本版消費税にフォーカスしよう。

第4章

日本版消費税という名の不可思議

モヤモヤ感あふれる日本版消費税

まず、お手数ながら先に掲げた消費税の体系図（131ページ）にページをめくり戻していただき、それをご覧いただきながら確認していただければ幸いだ。制度上、日本版消費税は間接税であり、多段階課税方式の一般消費税である。多段階課税は付加価値税方式で行われる。これで、日本版消費税を消費税体系というなかなか広大な租税の天地の中に位置づけることが出来た。この感覚を共有させていただいた上で日本版消費税の全貌を解明して行きたいと思う。そこで、例によって財務省の『もっと知りたい税のこと』が日本版消費税をどう説明しているかをみてみれば、次の通りだ。

「消費税は、消費一般に対して広く公平に課される税です。そのため、原則としてすべての財貨・サービスの国内における販売、提供などが課税対象であり、事業者を納税義務者として、その売上げに対して課税されます。また、税の累積を排除するために、事業者は、売上げに係る消費税額から仕入れに係る消費税額を控除し、その差額を納付することとされています。

事業者に課される消費税相当額は、コストとして販売価格に織り込まれ、最終的には消費者が負担することが予定されています。（『直接税』と呼ばれる所得税などに対し、このように納税義務者と実質負担者が異なる税を『間接税』と呼びます。）」

少し丁寧にみて行こう。まず、第一行目の「消費税は、消費一般に対して広く公平に課される税です。」は、日本版消費税が一般消費税であることを宣言していると言えそうだ。もっとも、「消費一般に対して……課される税です。」は少々気になる。なぜなら、「消費一般」という言い方だと、日本版消費税が既述の直接税型消費税、すなわち例の入浴料やゴルフのプレー料金であるように聞こえる。だが、ご覧の通り、説明文の最後のカッコ内で「『直接税』と呼ばれる所得税などに対し、このように納税義務者と実質負担者が異なる税を『間接税』と呼びます。」と言っているのであるから、制度上、日本版消費税は入浴料タイプの対消費行為課税ではないわけだ。

この辺をもう少し厳密に仕分けしておいて欲しい。現に、第二行目では「すべての財貨・サービスの国内における販売、提供などが課税対象であり、事業者を納税義務者として、その売上げに対して課税されます。」と言っている。つまり、日本版消費税の課税対象は消費財の販売や提供なのであって、消費行為ではないということだ。それなのに、一行目で消費税は「消費一般」に課される税だと言っている。これは整合的ではない。

さらに言えば、カッコ書きの中で日本版消費税を納税義務者と実質負担者が異なる税だと断定していることも、少し気になる。なぜなら、前述の通り消費税の転嫁率すなわち実質負担率を巡っては、制度上はともかく、実態的には流通の様々の段階で攻防が発生し得る。場合によっては納税義務者である販売・提供側が実質負担者となることがあり得る。その時、消費税は販売・提供者に対する事実上の直接課税になる。この点を考えれば、このカッコ書きの書き振りには、疑問が残る。

そして、この点との関連で最も引っ掛かるのが、このカッコ書きのすぐ前の一文だ。「事業者に課される消費税相当額は、コストとして販売価格に織り込まれ、最終的には消費者が負担することが予定されています。」となっている。何とも気になるのが、この文章の「予定されています。」という締めくくり方だ。「予定」とはどういうことか。なぜ、予定なのか。誰の予定なのか。この予定にはどれくらいの確定性があるのか。予定は予定だ。必ず実現するとは限らない。

確かに、この予定が事業者の予定なのだとすれば、その確定性はかなり不確定である。この予定の確定性は転嫁率を巡る攻防の成り行きいかんにかかっている。はたまた、この予定は財務省の予定だろうか。もしそうだとすれば、財務省には、この予定を確定的なものとするために何らかの権限が付与されているのか。この予定を「立法者の予定」だとする考え方もあるようだ。ところが、日本における消費課税の根拠法である消費税法には、この予定に関する言及がない。この予定は、何ともミステリアスな予定だ。

どうして、このようにミステリアスな言い方をしなければいけないのか。それは、そもそも日本版消費税の設計そのものに、どこまで行っても一定の曖昧性がつきまとっているからだ。筆者にはそう思える。この曖昧性が、日本版消費税につけられた「消費税」という茫漠たるネーミングにもつながっている。そう思うのである。「予定されている」という何ともモヤモヤした表現も、そもそもの制度設計の曖昧さに起因している面が多分にあるのだと思う。なお、設計上の問題は、実はもう一つある。安直さである。この点については、後ほど改めて考えたい。まずは、モヤモヤ問題の方をみておく。

モヤモヤ感全然なきEUの付加価値税

問題の所在を見定めるために、消費課税の歴史が長い欧州ではどんな具合になっているのかを調べてみよう。EUの消費課税は付加価値税方式を取っている。名称としても、ストレートにVATすなわち付加価値税という言い方を採用している。VATについて、欧州委員会のウェブサイトでは次のように解説している（抜粋。翻訳筆者。附番も筆者。）。

「①VATは消費税である。

②なぜなら、その負担が結局は最終消費者にかかるからである。
③ＶＡＴは事業者に対する課税ではない。
④ＶＡＴは流通の各段階で販売価格の一定のパーセンテージの形で徴収される。
⑤したがって、製造・流通の全工程を通じて実際の租税負担が常に明示的になる。
⑥ＶＡＴは流通の各段階で部分的に徴収される。
⑦各段階での納税義務者（すなわちＶＡＴ登録事業者）は、自分の客先からＶＡＴを徴収する。
⑧そこから、自分の事業のための購入物に関して他の納税義務者に支払ったＶＡＴを差し引いて納税する。
⑨この仕組みを取ることによって、流通取引がどんなに多段階に及んでも多重課税が生じないことが保障される。
⑩ＶＡＴは財・サービスの売り手すなわち納税義務者から税務当局に納税される。
⑪しかしながら、このＶＡＴは実際には購入価格の一部として買い手から売り手に支払われる。

⑫したがって、ＶＡＴは間接税である。」

これまた、順次、丁寧にみて行こう。まずは、冒頭の①・②の二行が注目される。ＶＡＴは消費税だと宣言した上で、その理由を、ＶＡＴの実質負担者が最終消費者だからだと説明している。ここは実に重要なところだ。なぜなら、この説明が成り立つためには、ＶＡＴは常にそして完全に最終消費者への販売価格に上乗せされていなければならない。つまり、ここでは転嫁率１００％が大前提になっているのである。これが保障されているからこそ、「ＶＡＴは消費税である。」と言い切ることが出来るわけだ。予定もクソもない。転嫁率１００％は、完全にルール扱いとなっている。だからこそ、次の③行で「ＶＡＴは事業者に対する課税ではない。」とも言い切ることが出来るのである。

先に進もう。④・⑤行も注目される。ここでは、ＶＡＴの透明性確保が万全だということを言っている。透明性確保が万全で、転嫁率１００％が大前提なら、実質負担率を巡る攻防が生じる余地はない。ここにも、予定という曖昧概念が入り込むスキはない。

⑦行から⑨行にわたってＶＡＴが前述のカスケード効果を排除していることを確認して

いる。その上で、⑩〜⑫行で言っていることが最重要だ。特に⑪行である。VATを納税するのは財・サービスの売り手だが、このVATは「実際には購入価格の一部として買い手から売り手に支払われる。」と明言している。「……支払われる予定になっている。」ではない。ここで100％転嫁ルールがダメ押しされていると言っていいだろう。ここに不確実性が発生する余地がないからこそ、⑫行で、「したがって、VATは間接税である。」と言い切れる。

かくして、EUのVATにはモヤモヤ問題がない。VATの転嫁率は常に確実に100％になる。欧州委員会の説明は、明らかに、それ以外の状況を想定していない。実質負担率を巡る攻防や力関係の成り行きいかんで、財・サービスの販売に課される間接税であるはずの税金が、事業者の売り上げに掛かる直接税に変貌してしまうというような事態は、想定の中から除外されている。もっとも、VATを巡るEU各国の現実が完璧に欧州委員会の名解説通りに機能しているかと言えば、必ずしもそうではないようだ。実は流通の様々な段階で節税の「工夫」がなされているらしい。だが、それはそれとして、原則論がどうなっているかということに関する限り、EUのVAT解説にモヤモヤ感はない。

モヤモヤ感の正体は政治の怯み

さて、ここで改めて日本版消費税に目を転じ戻そう。ＥＵのＶＡＴ解説を吟味した上で財務省の説明を読み直すと、モヤモヤ感が一段と深まる。モヤモヤの根源は、転嫁率問題である。ＥＵのＶＡＴは、転嫁率１００％を流通の全段階で貫くルールとして大前提の位置においている。ところが、日本版消費税の場合は、その転嫁が「予定」されているに過ぎない。予定が未達に終わった場合には、消費税が消費者によって負担される間接税ではなくて、事業者の売り上げにかかる直接税に変貌する余地を残している。だから、財務省の説明では、日本版消費税が間接税だという点がカッコ書きという遠慮がちな位置づけになっている。ＥＵのＶＡＴ解説が「したがって、ＶＡＴは間接税である。」という言い切りで締めくくられているのとは随分違う。

さらに言えば、このカッコ書きを注意深く読むと曖昧さがもう一息濃厚になる。というのも、カッコ書きは「(『直接税』と呼ばれる所得税などに対し、このように納税義務者と実質負担者が異なる税を『間接税』と呼びます。)」となっている。ポイントは「このように……が異なる税を『間接税』と呼びます。」の部分だ。これは例示的な書き方だ。けっして日本版消費税が間接税だとは言っていないのである。「予定されている」通り、納税義務者と実質負担者が異なる関係になった時、「このよう」な税は間接税になると言っているだけである。EUのVATに関する⑪行と⑫行で、VATは納税義務者と実質負担者が違うから間接税だと言っているのとは、明らかに違う。日本の場合には、誰とも知れぬ誰かが予定している通りになった時、そのような租税は間接税になると言っているに過ぎない。これが日本版消費税に関する言及なのかどうかも、厳密に言えば定かではない。

ここまで来たところで、思い出していただければ幸いだ。第3章の冒頭で、日本版消費税が消費税という名称になっているのには、深いわけがありそうだと書いていた。あの段階では、そう考えられる理由については後述すると申し上げた。今、いよいよその時が来た。結論的に言えば、この消費税という茫漠たるネーミィングは、消費課税の導入に関する政治と行政の怯みの産物だったと考えられる。

日本版消費税が3%という水準でスタートを切ったのが1989年のことである。所得税収が伸び悩む中で収税ベースを広げるためには、消費課税に踏み切るほかはない。この判断が、この時点での日本版消費税導入につながった。だが、この政策判断を実行に移すことには、多大な抵抗が伴うと恐れられた。消費者にも事業者たちにも嫌がられることが目に見えていた。少なくとも、政治も行政もそう考えて大いに怯んでいたのである。

実際にも、日本における消費課税の導入は1970年代末から議論され始め、閣議決定や法案提出が行われていたのであるが、その都度、時の政権が選挙に敗れて実施に漕ぎつけることが出来ず仕舞いに終わっていたのである。つまり、消費課税の実施に踏み切るに当たって、政治家と行政担当者たちがびびる理由はそれなりにあったわけである。特に政治家にとっては、消費課税の提唱が職業的命取りになるという恐怖心を裏づける記録と記憶が存在した。

かくして、1989年に日本版消費税をデビューさせるに当たっては、とてもおっかなびっくりで抜き足差し足のやり方が取られることになった。なるべく刺激的でなく、なるべく負担感の少ない形で日本版消費税を日本の租税体系の中にスルリと滑り込ませたい。

それが、当時の政策責任者たちの心理であり、願望だった。そしてこの心理と願望が、消費税というホワンとしたネーミングを産み落とした。筆者はそのように考える。

ネーミングもホワンとしていれば、最終的な負担者が誰なのかということについても、ホワンとした予定が示されるのみ。このような形でモヤモヤと導入された消費課税方式の下で、日本版消費税には転嫁率を巡る流通諸段階での攻防や泣き寝入り問題がつきまとうことになった。

それも、3％という低い税率の段階では、さほど致命的な欠陥として顕在化することはなかった。だが、税率が上がって来るにつれて、そうそう、のほほんとしてはいられなくなる。実際に、2014年4月に税率を5％から8％に引き上げるに当たっては、それに先立って2013年10月に「消費税の円滑かつ適正な転嫁の確保のための消費税の転嫁を阻害する行為の是正等に関する特別措置法」（「消費税転嫁対策特別措置法」）が導入された。それに先立って、同年9月には公正取引委員会がこの法律の運用指針である「消費税の転嫁を阻害する行為等に関する消費税転嫁対策特別措置法、独占禁止法及び下請法上の考え方」を公表した。

8%から10%への増税を控えた2019年3月にはこのガイドラインの改正も行われている。当初から100%転嫁を大前提とする制度設計にしておけば、かくのごとく長ったらしい名前の「特別措置」を設けなくても済んだはずである。

政治家たちの怯みはわかる。だが、もめごとを避けたいがために曖昧な形で新制度や新政策を世の中に滑り込ませようとするのは、敗北主義だ。詐欺まがいの行為でもある。こうした勇気と誠意の欠如の下にモヤモヤと話を進めると、どこまで行っても辻褄が合わない。弥縫策を重ねれば重ねるほど、政策的歪みを大きくすることになる。日本版消費税を巡る政策対応の中に、それがとてもよく表れている。アダム・スミス大先生があの「予定されている」という苦肉の文言について知ったら、さぞかし、辛辣な嫌味とともに「ご苦労様」と言ってくれることだろう。

日本版消費税の安直さ問題①
一つの見送りと変なお名前

日本版消費税の制度設計には、モヤモヤ感に加えてもう一つ問題がある。それは安直さである。そのように、「モヤモヤ感あふれる日本版消費税」の項の末尾で申し上げていた。この点についてみて行こう。

1989年の導入当初、日本版消費税には大別して二種類の安直さ問題が植え込まれた。その一が「一つの見送り」、その二が「二つの特例措置」である。

一つの見送りは、いわゆるインボイス制度の導入見送りだ。そして、二つの特例措置は一に免税制度、二に簡易課税制度だ。インボイス導入見送り体制を背景にこれら二つの特例措置が設けられたおかげで、「益税」という実に不可思議なさらにもう一つの問題が発生することになった。順次、検討して行く。

まず、インボイス制度だ。付加価値課税方式の消費税を正しく機能させるには、本来、この制度が欠かせない。ところが、日本では消費課税に踏み切りながら、インボイス制度の導入は見送った。なぜかと言えば、インボイス制度が適用されるとなると、消費税を納税する事業者たちにこの新たな制度への対応を求めることになる。そのことに伴う事務負担が大き過ぎるというので、インボイス制度未採用のまま、消費課税だけを始動させてしまったのである。

この時点で、日本版消費税は片肺飛行の欠陥税制となった。そう言って過言ではないだろう。負担が大きいことは省いてしまえ。この安直な発想が、日本版消費税を欠陥品にしたのである。日本版消費税が10％に増税されたこと、それに伴って軽減税率が採用されることを受けて、２０２３年からは本格的なインボイス制度が発足する。一応、そういうことになっている。だが、中小企業を中心にこの方針には抵抗が大きい。本当に実現されるか否かは、まだいささか不透明である。

以上、ざっくりした経緯をとても駆け足的に確認した。これを踏まえて、ここからは、そもそも、このインボイス制度とは何物なのかを整理して行く。ここで、まず申し上げたいことがある。筆者は、どうもこの「インボイス」という言い方が気に食わない。実にわかりにくくて混乱を招くばかりだと思うのである。日本でインボイスという言葉が使われる場合、それは、あたかも消費課税に関わる固有あるいは独特の用語であるかのような扱いを受ける。解説書の類や研究論文においても、雑誌記事などにおいても然りだ。だが、インボイス＝invoiceという言葉がそれ自体として意味するところは、単なる「送り状」とか「請求書」である。それだけだ。付加価値課税方式の消費税制度が必要としているのは単なるインボイスではない。付加価値税対応仕様のインボイスである。

実際に付加価値税すなわち前出のＶＡＴを採用しているＥＵ諸国では、「ＶＡＴインボイス」という言い方をしている。ＶＡＴ仕様ではない請求書は単に「インボイス」と呼ぶ。その上で、単なるインボイスとＶＡＴインボイスはどう違うのか、付加価値税の納税に関わって使えるＶＡＴインボイスには何が記載されていなければならないのか、ということが詳細に示されている。

こうしてみれば、日本で使っているインボイス制度とかインボイス方式という言い方は明らかに変である。多段階型付加価値税方式の消費課税が必要としているのは、インボイスではない。多段階型付加価値税方式の消費課税に対応したインボイスである。したがって、制度のネーミングも単なる「インボイス制度」ではダメに決まっている。単なる「インボイス」ではないことこそが、消費課税のために使う書類としての有効性の条件なのである。

だからこそ、ＥＵでは「ＶＡＴインボイス」と単なる「インボイス」を仕分けしているのである。それなのに、日本では「インボイス制度」という名称を使うことには、まったく論理性がない。名称変更すべきである。「日本版ＶＡＴインボイス」とか、あるいは、もっとストレートに「消費税対応型請求書」などとしてはどうか。実を言えば、日本で言う「インボイス方式」には、「適格請求書等保存方式」というもう一つの名称が存在する。これもなかなかわかりにくいが、単なる「インボイス方式」よりはまだマシだ。なぜ、せめてこちらの方の名称を普及させようとしないのか。どう考えても不可思議だ。

ここにも、またしてもモヤモヤ感、フワフワ感が漂っている。どうも、日本版消費税を巡っては、その性格やその導入に伴って必要となる仕組みを曖昧にしておきたい、そのからくりの真相を明らかにしたくない、という政策的な思いが随所につきまとうように思う。どんな税金が導入されようとしているのか。それはなぜなのか。その経済効果はいかなるものなのか。その導入から期待されるものは何なのか。消費者がその最終負担者になる。そのような税金を導入することにいかなる効用があるのか。こうしたことについて、納税者に対してあまり語りたくない。寝た子を起こすようなことは避けながら、何とか、スルッと日本版消費税を日本の経済社会に滑り込ませたい。

「インボイス制度」という明らかに誤用だとさえ言える名称の中にも、いささか詐欺めいた安直さが滲み出ている。実に誠意がない。批判や物議や抵抗も覚悟で、日本で消費課税に踏み切ることの意味と、その意味が生きるために国民にお付き合いいただかなければいけない制度変更について、詳細に全面的にご説明申し上げ、合意を頂戴する。このプロセスを省略するために、安易な方向へ安易な方向へと進路を取ってきた。それが日本版消費税がたどって来た道だった。その思いが強まるばかりである。

EUにみるVAT対応型インボイス方式の実態

ひと通りお名前問題で悪口を語ったところで、次に進もう。インボイス制度とさしあたり誤称されているこの制度はどういうもので、いかなる意味で消費課税をまともに機能させるために不可欠なのか。このことを整理するためには、やはりEUのVATインボイスに注目するのが得策だろう。何しろ、日本では未導入の制度であるから、既に実施されている制度を参考にするほかはない。

VAT対応型インボイスにおいて、不可欠な記載事項は次の項目だ。

①課税事業者の登録番号
②納入商品別の詳細（商品名・数量）
③商品別適用VAT税率
④商品別VAT税額

⑤商品別ＶＡＴ抜き価格
⑥ＶＡＴ抜き納入金額合計
⑦ＶＡＴ金額合計
⑧ＶＡＴ込み納入金額合計

ＶＡＴインボイスには実に様々な様式があり、ご丁寧に適用税率別のＶＡＴ合計額やＶＡＴ抜き合計金額などを別掲する形のものなども用意されている。いずれにせよ、右の②～⑧はわかるようになっていなければいけない。

例えば卸売業者がこのような形式のＶＡＴインボイスを製造業者から受け取った場合、この卸売業者は、⑦のＶＡＴ合計金額を自らの仕入れ税額として税務当局に申告する。一方で、この卸売業者も、小売り業者などの流通の次の段階の事業者に対してＶＡＴインボイスを発行する。そして、このＶＡＴインボイスに記載された自らの売り上げ税額（⑦）から申告した仕入れ税額を差し引いた金額を税務署に納税する。

このやり方であれば、流通の各段階で、前段階の事業者の売り上げに関するＶＡＴ税額が、流通の次の段階の事業者の仕入れに関するVAT税額になる。そのことを、税務当局は企業の手元に保管されているVATインボイスを照合することで確実に確認することが出来る。しかも、個々の納税事業者に登録番号が付与されているから、誰から誰に向かって財・サービスが流れているかということ、そして、それに伴う納税の流れも確実に追跡出来る。照合上の誤認などが発生する余地はない。

すぐおわかりいただける通り、ここで重要なことは、必要事項を適正に記載したVATインボイスがあれば、流通の各段階でVATの価格転嫁が確実に行われているかどうかが一目瞭然になるという点だ。いずれかの業者が納入先の転嫁拒否にあって泣き寝入りし、その段階でのVATを自腹で納税するというような事態は、生じる余地がない。前述のように、間接税であるはずのVATが企業への事実上の直接税に変貌してしまうようなことは起きようがないのである。

かくして、VATをVATたらしめるためには、VATインボイスの存在が欠かせない。ところが、これまでの日本では、VAT型の消費課税を行っていると言いながら、事務負担が大きいという理由付けでVATインボイスの導入を見送って来た。流通各段階の企業は、従来通り、納入先に単なる請求書を提示して決済してもらって来たのである。そこには、各業者の登録番号は記載されていない。商品ごとに税抜き単価や税率・税額が明記されているわけでもない。どこまでが単価でどこからが税金なのか、確実に把握する材料がない。不透明な駆け引きの中で、妙な納税負担の押し付け合いが発生しているかもしれない。だが、それを発見するための仕組みが欠けている。

こんな具合だから、日本版消費税の転嫁に関してそれが「予定されている」などという曖昧な言い方をせざるを得なくなっている。その結果として、転嫁を巡る攻防が強い者による弱い者いじめを発生させることになった。そのため、転嫁を促すための長ったらしい名前の法律をつくって取り締まりに乗り出す羽目に陥った。バカバカしいことおびただしい。

さらに言えば、ここに来て単にバカバカしいでは済まされなくなって来ている。なぜなら、２０１９年10月の日本版消費税増税に伴って、飲食料品を中心とする一部の商品に軽減税率が適用されることになったからである。つまり、日本版消費税が複数税率体制の租税となったわけである。

税率が一本であれば、ＶＡＴインボイスがなくても、仕入れ金額と売上高がわかれば、納めるべき消費税額もおのずとわかる。だが、税率が二本建てになると、そうはいかない。標準税率対象品と軽減税率対象品をそれぞれどれだけ仕入れて、どれだけ販売したのか。その記録がなければ納税額は定まらない。そこで、今になってようやく本格的なＶＡＴインボイスの導入に向かって政治の重い腰が上がることになったわけである。

ただ、ことここにいたっても、なお政策と政治は思い切りの悪さを発揮している。なぜなら、導入目標年を２０２３年に設定するとは、移行期間がいかにも長い。おまけに、当面は、企業がこれまた実に安直なやり方で軽減税率対象品の仕入れ額を算出出来る道を用意してしまったのである。これについては後述するが、とにもかくにも、本格的な消費税対応型インボイス制度に関する政策責任者たちの腰の引け振りは何とも甚だしい。往生際の悪いことときわまりない。

日本版消費税の安直さ問題②
二つの特例措置と一つの不条理

以上、日本版消費税にまつわる二種類の安直さのうち、「二つの見送り」問題をみた。続いて、安直さのもう一つの側面である「二つの特例措置」問題に進もう。その一が免税制度、その二が簡易課税制度であった。

日本版消費税に関する免税制度は、売上高１０００万円以下の事業者を対象としている。彼らは「免税事業者」と呼ばれ、日本版消費税の納付を免除されている。これは、中小企業の中でも、特に零細業者の事務負担に配慮した対応だ。経理処理や納税関連の新たな実務が増えることで、彼らの経営が圧迫されたのではまずい。それを回避するための措置として、免税制度が打ち出されたのである。それはそれでわかる。零細事業者たちは、日本の経済社会を支える重要な存在だ。租税制度の変更が、彼らに対して弱い者いじめ効果をもたらすようであってはいけない。

ただ、問題はこの免税制度がまさしく実に安直なやり方で導入されたことである。安直であると同時に、かなり無理のあるやり方を押し通してしまったと言っていいだろう。それというのも、日本版消費税の免税制度の下では、その対象事業者が納税義務を免れていながら、その一方で流通の次の段階に向けての消費税の転嫁は認められている。つまり、消費税込みで商品を販売している。それなのに、商品の納品先から受け取った消費税を納税しないのである。不思議や不思議だ。

さらにもう一つ、不思議や不思議なことがある。それは、免税事業者の仕入れ面の状況だ。免税事業者は日本版消費税を納税しない。それなのに自らの仕入れに関する仕入れ税額控除は認められている。元来、仕入れ税額控除は消費課税の対象業者が二重に課税されることを避けるための工夫だ。課税対象業者は、自分が納品先への販売価格に上乗せした消費税を税務当局に納める。ただ、その際に自分の仕入れ価格に上乗せされていた消費税分は差し引いて納税する。そうしなければ、自分の前の段階で既に納税されている税金を二重払いすることになるからである。このような税の「カスケード効果」を避けることにこそ、多段階付加価値税方式の一般消費税の眼目がある。この点については既にみた通りである。

だが、日本版消費税に関する免税事業者は、消費税を納税しない。納税しないのに、流通の前段階の業者に支払った消費税があれば、その分について税額控除を申告することが出来るのである。ここで、定めし「えっ」と思われるだろう。免税事業者は、一体、何から仕入れ税額を控除するのか。実はここが何とも不可思議なところだ。

免税事業者は納税しない。だが、流通の次の段階の業者（もしくは最終消費者）から消費税相応額をもらい受けはする。だから、彼らの手元にはこの金額がまるごと残る。仕入れ税額はこの金額から控除するのである。つまり、免税事業者の手元には、常に「売り上げ税額」マイナス「仕入れ税額」の金額が滞留することになる。この奇妙な残金を「益税」と呼ぶ。この残金は、課税事業者であれば税務署に納めるべき金額だ。それが、免税事業者の場合には手元に溜まっていくのである。何やら税務署からお小遣いをもらっているような塩梅である。

どうしてこんなことになるのか。それを考え始める前に、ここでも、やはりまずはＥＵの状況がどうなっているかを確認しておこう。ＥＵのＶＡＴにおいても免税制度はある。

免税事業者も存在する。そして、免税事業者はＶＡＴ課税事業者として登録出来ない。免税扱いなのだから、当たり前である。ＶＡＴ登録出来ない彼らは、ＶＡＴインボイスを発行出来ない。ＶＡＴインボイスを発行出来ない事業者は、自分たちの販売商品にＶＡＴを上乗せすることが出来ない。そして、自分たちの仕入れに関して税額控除を受けられない。実際に流通の前段階の事業者にＶＡＴを支払っていても、それについて還付を受けることなどは出来ないのである。なぜなら、仕入れ税額控除は消費税を納める事業者であるからこそ、認められる措置だ。自分が納税する消費税の中に、前段階で既に納税されている消費税分が二重払いとなって含まれることを避けるために、仕入れ税額控除を行うのである。

これを税務署の視点からみて、例えば小売業者Ａから２００円の納税を受け取ったとしよう。その時、もしも、小売業者Ａが仕入れ先の卸売業者Ｂに対して１００円の消費税が上乗せされた支払いを行っていたとすれば、この１００円分は卸売業者Ｂが既に税務署に納めている。だから、この分は小売業者Ａの納税額２００円から差し引かれなければならない。さもなくば、税務署は卸売業者Ｂから既に受け取っている１００円の税金を、小売業者Ａからも頂戴することになる。これはいけない。だから、仕入れ税額控除をしてもらうのである。免税事業者からはそもそも消費税の納税を受けないのであるから、仕入れ税額控除を認めることには意味がないし、まったく筋が通らない。かくして、EUのVATインボイス体制下における免税事業者はVATを納めもしなければ、仕入れ税額控除も行わない。

これがEUのVAT体制における免税の考え方だ。すっきりしたものである。こうしておけば、「益税」などという摩訶不思議な棚ぼたが発生する余地はない。

納税しないのに消費税を請求する日本の免税事業者たち

ところが、日本の場合には、免税事業者も自らの販売価格に消費税分を上乗せし、自らの仕入れに関して支払った消費税分について控除処理をすることが出来る。なぜ、そうなのか。実は、ここでも、第一の安直さ問題であった本格的VAT対応型インボイスの未導入体制がそもそもの発端になっている。本格的なVAT対応型インボイス制度の下では、課税対象事業者ではない免税事業者はVATインボイスを発行出来ない。つまり、消費税を上乗せした金額で販売先に支払いを請求出来ない。販売先も、VATインボイスで請求が来なければ、相手が免税事業者であることが一目瞭然なので、仕入れ税額控除は行わないことになる。

ところが、VATインボイス方式を取っていなければ、誰もが思い思いの請求書で支払いを求めて来る。請求書をみただけでは、相手が課税業者なのか免税業者なのか判断のしようがない。さりとて、相手が課税事業者かどうかをいちいち確かめていたのでは、手間がかかって仕事にならない。これでは企業がかわいそうだというので、現行体制の下では、仕入れ先が課税事業者であろうと免税事業者であろうと、一律に仕入税額控除を行うことが認められているのである。これを納入業者の側からみれば、たとえ自分が免税事業者であっても、納品先が仕入れ税額控除を行うということになれば、それに対応した消費税を自分の販売価格に織り込んでおかなければならない。どうも、日本版消費税における免税事業者の消費税請求は、こういう理屈の下に行われているらしい。

然らば、日本の消費税免税事業者が自分の仕入れに関して仕入れ税額控除を認められることについては、どういう理屈付けになっているのか。これについては、そうしておかないと、免税事業者は自分の仕入れ時に支払った消費税を自己負担することになるからだ、という説明が施される。

確かに、消費税の実質負担は最終消費者に集中するはずだ。それを流通の中間段階の事業者が負担するということになると、間接的消費課税の理屈そのものが崩れる。だが、それがイヤなら、そもそも、免税制度そのものをやらなければいい。免税事業者が自分は納めない税金を販売先に請求し、その税金分を税務署ではなくて自分の懐に納めてしまうというのは、何とも不可解な話だ。しかも、自分の仕入れ代金に含まれる消費税分については税額控除措置を受けられるのである。これは、どう考えても筋が通らない。不条理過ぎる。

しかしながら、現実問題として、日本の消費税法や国税庁の関連通達などには、免税事業者は消費税を請求してはいけないとは書かれていない。それどころか、企業による「課税仕入れ」の対象の中には課税事業者はもとより、免税事業者からの仕入れも、さらには消費者からの仕入れさえも含まれている。ここでの理屈は、自分が課税事業者である限りにおいて、仕入れ先業者の扱いが課税であろうと免税であろうと何であろうと、それは無関係だという考え方だ。相手がどうあれ、自分が消費税の課税対象事業者なら、自分の仕入れ商品に関して消費税を払わなければならない。そういうことになっている。

これも、ごもっともといえばごもっともではある。だが、どう理屈をこねても、「益税」なるものが免税事業者の懐に積み上げられて行くという現象に条理はない。条理なきところには、ズルが発生する余地が生まれる。益税狙いで免税事業者扱いを確保しようと、売り上げの過少申告を目指す企業が出て来る恐れがある。実際に、そのような事例が発生しているという新聞報道もある。そのような行動に向かって中小零細事業者を誘導するような政策対応は、これまた、まったく理にかなわない。

不条理の木に不条理の竹を接いで実に奇怪な徴税体制をつくり上げてしまった。どうしてもそのようにしかみえない。中小零細事業者を、過剰な事務負担やコスト圧力から守るという政策意図はわかる。だが、何も、そのために益税などという奇妙な金銭利得が発生するようなやり方をとらなくてもいいだろう。当初からVATインボイス方式をきちんと導入し、それを使いこなすための体制づくりを支援する。そのような対応が出来なかったものかとつくづく思う。

いずれにせよ、前述の予定通りに行けば、２０２３年までには本格的なＶＡＴインボイス方式に移行するのであるから、現行の免税制度がもたらす益税問題は解消することになるはずだ。ただ、そうなるとＶＡＴインボイスを発行しない免税事業者からの仕入れについて、流通の次の段階の事業者は仕入れ税額控除を行えなくなる。仕入れ税額がないのであるから、これは当たり前だ。だが、いかなる相手からの仕入れについても税額控除を行うことに慣れてしまった事業者たちが、このことに抵抗する恐れがあるという。仕入れ税額控除というコスト負担の軽減措置を得られないことを嫌がるというわけだ。この事態を回避するために、仕入れ側が仕入れ先を免税事業者から課税事業者に切り替え始めたら、免税事業者は商売上がったりになってしまう。それでは困るというので、ＶＡＴインボイス方式が導入されれば、免税事業者たちが課税事業者に身分転換する道を選ぶようになるかもしれない。かくして、免税制度は結局のところ消滅に向かう。そんな展望が出て来ている。総じて、何とも狐につままれたような気分になる話だ。

さらに言えば、仕入れ税額控除が出来ないと、企業が損をしたような気になるというのが、考えてみればそもそも奇異だ。消費課税は企業の収益に課せられるわけではない。転嫁が確実に進行していく限りにおいて、最終消費者以外の取引主体は消費課税を実質的に負担することはない。負担があれば、そこから差し引ける税額控除があるかないかは大きな問題になる。だが、日本版消費税にせよ、EUのVATにせよ、課税対象事業者は自分の売値に上乗せした税額を納税するわけであるから、そこに損得勘定は発生しない。

納税事業者にとって、消費税は、ケーキの上に乗っけられた食べられないお飾りのようなものだ。そのお飾りを取り外して納税するのである。ケーキの一部を税務署に召し上げられるわけではない。それなのに、仕入れ税額控除が出来ないと辛くなるというのは、理屈が通らない。消費課税は事業者に対する課税ではあるが、事業者の収益に対してはあくまでも中立的で、影響を及ぼさない。それが多段階付加価値課税方式の消費課税の勘所だ。だが、日本版消費税においては、VATインボイス方式の見送りと免税制度の適用という安直さのおかげで、この辺が実にあいまいになってしまった。大原則への理解が浸透しないまま、消費課税であるようなないような税金が独り歩きしてきてしまった。しかも、あるいはだからこそ、消費課税の対収益中立性を保持するための転嫁と控除の鎖がしっかり確保されず、日本版消費税はしばしば間接税ではなく企業に対する直接税に変貌してしまう。安直対応から始まった日本版消費税は、その土台も枠組みも実にグサグサだ。建て付けが悪すぎる。

「簡易課税制度」という名の「えいやぁ」方式

もう一つの特例措置に進もう。日本版消費税に関する「簡易課税方式」という制度である。前述の通り、この制度もまた、益税の発生をもたらしている。免税制度とは少々違うメカニズムだが、やはり、ここにもまた、益税という魔訶不思議なテーマが顔を出しているのである。

簡易課税制度は、売上高が１０００万円超５０００万円以下の事業者を対象とする。免税制度を適用するには事業規模が大きすぎる。だが、それでも消費課税導入に伴う負担を何らかの形で軽減して上げたい。政治と行政がそのように判断して、ここでみる簡易課税制度というものを編み出したのである。

本来の付加価値方式で消費課税が行われるのであれば、納税事業者はすべての仕入れ先から手元に集まって来たＶＡＴ対応インボイスに記帳された消費税額を集計し、その総額を自分が納入先への販売価格に上乗せした消費税額から差し引き、その差額を納税する。だが、この支払済み消費税額の集計作業が大変だというので、考案されたのが簡易課税制度なのである。この方式によれば、制度対象事業者には、業種ごとに「みなし仕入れ率」が適用される。製造業者なら70％、卸売業者なら90％、小売業者なら80％等々だ。対象事業者が卸売業者であれば、自分の売上高に90％の「みなし仕入れ率」をかけて自分の「みなし仕入れ額」を算出する。この金額に消費税率をかければ「みなし仕入れ税額」が出る。これを自分が売上高に上乗せした消費税額から差し引いた金額を納税するのである。

ここで、想定されている「みなし仕入れ率」がこの卸売業者の実際の売上高に対する実際の仕入金額と常にぴったり一致していれば、問題はない。だが、もしも、ある卸売業者の実際の仕入れ金額対売上高比率が90％ではなくて85％だったらどうなるか。この場合、「みなし仕入れ率」に基づいた計算では、仕入れ税額控除が過大計上されることになる。その分、この事業者の納税額は本来納めるべき金額より小さくなる。つまり、この本来の納税額と「みなし仕入れ率」に基づく納税額との差分が事業者の手元に残ることになるわけである。これが、簡易課税制度が生み出す「益税」である。

簡易課税方式を用いれば、確かに、日本版消費税の納税事務は実に簡便になる。何しろ、納税事業者は、自分の売上高さえわかっていればいいのである。それさえあれば、日本版消費税納税に関わるすべての数字が計算出来てしまう。むろん、自分の売り上げに織り込んだ税額はわかる。仕入れに伴って前段階の事業者に支払った税額は、本来であればＶＡＴ対応型のインボイスに示された個別税額を足し上げて計算するわけだ。だが、簡易課税方式の「みなし仕入れ率」を使えば、この比率を売上高に掛けて「みなし仕入れ額」を算出し、それに税率を掛ければ仕入れ税額が出て来る。この額を売り上げ税額から差し引けば、納税額が出て来てしまうのである。こうして、売上高というたった一本の数字から、しかも実に簡単な算数によって自分が支払うべき税金の額を導き出せる。これは確かに、実に「簡易」だ。中小零細企業が、これは助かると思う気持ちはわかる。

だが、どう考えても、これは「簡易」というよりは「安易」に過ぎるやり方に思えてしまう。杜撰だとさえ思える。企業にとって、仕入れ額とは要するに売り上げ原価だ。原価を正確に把握しない経営というのがあるだろうか。「みなし仕入れ率」を「えいやぁ」とばかりに売上高に掛け算する。これをもって原価計算に替えてしまうというやり方が、中小零細企業の経営にとって健全で安全な手法だとはどうも思えない。

しかも、このやり方では益税が発生する可能性がある。というよりは、「みなし仕入れ率」が常に企業の実際の原価率と一致するとはとうてい考え難いから、むしろ、簡易課税方式は程度の差はあれ、ほぼ常態的に益税を生み出していると考えるべきだろう。安易な会計処理が、企業の手元に本来発生するはずのないおまけ資金を滞留させる。これは明らかに奇異だ。この奇異な現象が政策・制度によって生起して来たのである。こうしたところにも、日本の徴税当局の認識と自覚の甘さが滲み出ていると感じる。この点については、後ほど立ち戻りたい。

そもそも、本格的なＶＡＴインボイス方式の計算は企業にとって負担が大きいというが、本当にそうだろうか。むしろ、本格的インボイスがあれば、企業は自分が納入先への請求に上乗せした日本版消費税額も、仕入れ先に支払った日本版消費税額も、簡単な集計ですぐに把握出来る。ＶＡＴインボイスの管理体制と集計手順を一度定めてしまえば、日本版消費税納税に関わる申告書作成作業は、帳簿整理作業の一環として自ずと仕上がってしまうはずだ。

現に、ＥＵ諸国の企業たちはこの方式でＶＡＴを納めているし、それにさしたる痛痒を感じてはいないようである。彼らが使用しているＶＡＴ対応型インボイスには実に様々なスタイルがある。選り取り見取りのフォーマットの中から、自分が使いやすいものを選んで集計作業を行っているのである。彼らに出来ていることが、几帳面で計算が得意な日本の企業たちに出来ないわけがないだろう。益税などという奇妙なおまけが発生することを黙認してまで、至れり尽くせりの簡易さを確保して上げなければいけないほど、日本の中小零細事業者たちの事務処理能力が低いはずはない。

「えいやぁ」方式では複数税率に対応出来ないはずだが……

さらに言えば、簡易課税制度に基づく「みなし仕入れ率」方式には、もう一つ大きな問題がある。それは、このやり方が複数税率を伴う消費課税にまったく不向きだということである。

税率が一本だけなら、売り高×「みなし仕入れ率」×消費税率で仕入れ消費税額が（正確かどうかはともかく）直ちに出て来る。だが、税率が複数あるということになると、こうはいかない。仕入れ額のうち、どの部分にどの税率が該当するのかを仕分けしなければならない。「みなし仕入れ率」による「えいやぁ」方式ではそれは出来ない。どうしても、適用税率別に仕入れ額を積み上げ計算する必要が出て来る。

そのはずである。そして、2019年10月からは日本版消費税の税率が二本立てになった。新しい標準税率の10％と軽減税率として残った従来の8％である。こうなった時点で、

「えいやぁ」方式は通用しなくなった。つまり、この時点で、直ちに簡易課税方式から本格的なVATインボイス方式すなわち前出の「適格請求書等保存方式」への切り替えを進めるのが正統的なやり方だったし、端的に言ってそれしかやり方はなかったはずである。

ところが、実際には2019年10月1日から2023年9月30日までの間は、従来の請求書、つまりVAT対応型ではない単なるインボイス上で標準税率対象仕入れ額と軽減税率対象仕入れ額を仕分けするという簡便方式が認められることになった。この形式の請求書を「区分記載請求書」という。

さらに驚くべきことがある。それは、売り上げ税額についても仕入れ税額についても、軽減税率対象額について、当面、「みなし割合」を適用するというやり方が認められる場合があるという点である。

日本の税務当局は、どうしてかくも「みなし」ラブが強いのか。中小企業の税務負担を少しでも軽くしようという配慮には、それ自体としては文句のつけようがない。だが、それも行き過ぎると少々愚弄的な雰囲気になる。日本の中小零細企業の事務処理能力をそこまで過小評価することはないだろう。日本の税務当局の中小零細企業に向かっていわく、

「表向きは積み上げ計算でございます。ですが、実は『えいやぁ』方式で結構です。」いかに日本が建前と本音の使い分け社会だからと言っても、ここまでやることはないだろう。こういう感覚で税務に携わっているから、日本版消費税の転嫁について「予定されている」などというあいまい説明もころがり出て来てしまうのだろう。

軽減税率対象税額に関する「みなし割合」が実態から大幅にかけ離れていれば、ここでまた益税が発生する余地が生じてしまう。実際の仕入れ内容はあらかた軽減税率適用商品によって占められているのに、その「みなし割合」をぐっと低く見積もってしまえば、それだけ仕入れ税額が過大評価になり、益税が生まれる。それを承知で、なおも「みなし」方式に固執するのはいかがなものか。いかに経過措置とはいえ、これが徴税責任者として正統性あるやり方だと言えるだろうか。

ことの本質は徴税意識の低さにある

以上、日本版消費税にまつわる安直さ問題について見て来た。問題の根幹には、日本版消費税導入当初の本格的なＶＡＴ対応型インボイスの見送り処置があった。その上に、免税制度と簡易課税制度という二つの特別措置が乗っかることになった。これらの特別措置の存在によって、益税という奇妙な棚ぼた資金の発生メカニズムが形成された。こうした一連のカラクリを解きほぐしてみればみるほど、日本版消費税は稀にみる不可思議税制だ。

免税制度と簡易課税制度によって発生する益税の金額規模については様々な試算があり、計算方法によってもかなり推計結果が異なるが、年間５０００億〜６０００億円というのがおよその目途になっているようだ。２０２３年10月から本格的なＶＡＴ対応型インボイスが導入されれば、それに伴って、消費税収はこの益税分だけ増えることになるはずである。政府もそれを当てにしているようだ。軽減税率の適用で発生する税収のロス分を、益税解消分で少しでも埋め合わせたいと考えているらしい。

これも、何ともおかしな話だ。こんなことを当て込むくらいなら、当初から益税などが発生しないような制度設計にしておけばいい。最初から本格的なＶＡＴ対応型インボイス方式で走り出しておけばよかったのである。本格方式の安易な見送りや、ややこしい特例措置で回り道をしている間に、日本の財政事情はどんどん袋小路に追い込まれて来たのである。世のため人のために本当に役に立つ財政政策と租税制度を確立して行く。このテーマに本気で取り組む姿勢があれば、当面の負担軽減のために安易な免除措置や簡便方式に飛びつくということはないはずである。

もっとも、こうした諸問題も、２０２３年10月からの本格的なＶＡＴ対応型インボイス方式への移行に伴って解消するはずだ。そうなれば、ここまで見て来た一つの見送りと二つの特別措置問題も、結局のところ歴史の一コマになる。そうした過去のものとなる諸問題について、そうそう目くじらを立てて延々と文句を言い立てる必要はないだろう。そのようなご指摘を受けるかもしれない。

それもごもっともではある。だが、ここで問題にすべきは、なぜ、そもそも当初の段階で本格的な多段階式付加価値税と呼ぶにふさわしい消費課税体系を構築しておかなかったのかということである。既述の通り、それが出来なかったのは、政治と行政の怯みのためだ。消費課税は、あくまでも、広いが浅くて簡便に。なるべく鳴り物入りにならず、なるべくさりげなく、納税事務も限りなく新しいことをしなくてすむように。この徹底したおっかなびっくり姿勢が、多段階式付加価値税の本質的な特性であるはずの「転嫁」概念に関してさえ、「予定されている」などという曖昧表現を許し、益税という奇妙な棚ぼたを生み出す構図を作り上げてしまった。

なぜ、こういうことになるのか。なぜ、政治と行政はかくも怯み、かくも及び腰になったのか。ここが肝心なところだ。一つの要因が、消費課税の導入というテーマが有権者離れをもたらすという経験知だったことは間違いない。これについては、既に言及した。だが、実はそこがことの本質ではないのだと思う。

前々項（「簡易課税制度」という名の「えいやぁ」方式）で、現行の日本版消費税に内在する仕組みが益税という不条理を生むカラクリについて、「こうしたところにも、日本の徴税当局の認識と自覚の甘さが滲み出ていると感じる。この点については、後ほど立ち戻りたい。」と書いた。今まさに、ここで言っている徴税当局の認識と自覚の甘さという問題に立ち戻るタイミングが来た。日本の政治と行政は、結局のところ、「人はなぜ税金を払うのか」がわかっていない。「納税が無償の愛の表現である」という確信を抱いていない。自分たちが理解しておらず、確信を持てていないことについて、説得力を持って人に語りかけることは出来ない。納得してもらうことが出来るはずがない。だから怯む。だから、なるべく目立たず、負担を伴わない形で制度変更を滑り込ませようとするのである。

日本が「福祉元年」を宣言したのが、1973年のことである。これは、多分に田中角栄首相（当時）の政治的大風呂敷だった。だが、その後にもし、この宣言に本当の命を吹き込もうとする政治と行政の覚悟が芽生えていたとすれば、そのことは日本の租税体系の大きな見直しにつながっていたはずである。

一国が福祉国家としての実態を整えれば整えるほど、納税は無償の愛の表現としての性格を強める。税金は強い者が弱い者のために納めるものだという社会的コンセンサスが重みを増していく。人はなぜ税金を払うのかという問いかけに対して、それは世のため人のためであって、自分にとっての見返りを買い取るための行為ではないという国民挙げての大斉唱が戻って来るようになる。このようになるはずである。それでいいのだ。そうでなければならない。

この確信を政治と行政が胸に奥深く、揺ぎなく抱いていないと、日本版消費税のこれまでの歩みのような租税茶番が起きる。我々は、ここまでの日本版消費税物語から、このことを読み取る必要がある。そして、我々が我々の納税意識の高さをもって、日本の政治と行政をまともな徴税意識に向かって導いていかなければならない。まともな目的意識に基づく租税制度の改変や増税であれば、我々は、その影響を姑息な手管によって軽減してもらおうなどというケチ臭いことは考えない。このことを、我々は日本の徴税関係者たちにつきつけてやる必要がある。つくづく、そのように思うところだ。

2023年10月からの本格的なVAT対応型インボイスへの移行にしても、徴税当局の意識が今のままでは、まだどのような本音と建て前の使い分けが滑り込んでしまうか、わかったものではない。21世紀の福祉国家に相応しい徴税倫理が、果たして日本において根付くや否や。日本版消費税のここまでの歩みをみれば、はなはだ心もとない。

生みの親基準に基づく日本版消費税の合否判定

日本版消費税に関する考察を終えるに当たって、この制度に関する合否判定を行っておこう。判定基準は、前章でみたアダム・スミス先生の租税観である。

既にみた通り、大先生は租税全般について、満たすべき四つの条件を掲げている。①応能負担、②恣意性排除、③利便性確保、④漏洩防止だ。そして、消費課税に固有の要件として、それが迂回所得税としての機能を果たすべきであること、生活必需品への消費課税には応分の賃金上昇が伴わなければならないこと、の二点を提示していた。これらに照らして、日本版消費税を評価して行く。

まず、①との関係では、軽減税率の導入に至るまで完全な不合格状態が続いて来たことが明らかだ。負担能力のいかんを問わず、一律の税率を適用して来たからである。軽減税率導入後についてみても、果たして応能負担が実現するようになったかはかなり疑問だ。

食品を対象とした軽減税率がどこまで応能負担を真剣かつ慎重に意識したものだったか。そもそも、ここが疑わしい。

②との関わりではどうか。これも、さしあたり明らかに不合格である。益税を発生させるような制度設計は恣意性に満ちている。さらには、軽減税率の導入に伴って打ち出されたキャッシュレス決済によるポイント還元制度にも、二つの恣意性がある。第一に、キャッシュレス決済慣れしている人々をえこひいきしている。第二に、このえこひいき扱いによって、世の中をキャッシュレス化の方向に誘導しようとしている。消費税に関する制度変更の中に、キャッシュレス化推進という筋違いの政策意図を紛れ込ませるというのは、いかにも邪道だ。政策は、このような形で一石二鳥を追求してはいけない。

③の利便性はどうか。VAT対応型インボイスの当初導入の見送りおよび免税制度と簡易課税制度の採用は、中小零細企業にとっても利便性を配慮しての措置だった。徴税当局としては、そのように主張したいところだろう。だが、これについては既に縷々検討して来た通りだ。

入口で安直なやり方をすると、先行き苦労することになる。当初から本格的なVAT対応型インボイス方式で滑り出していれば、付加価値税の転嫁原則に関する理解もすんなり定着しただろう。最初から、仕入れにも納品にもVAT対応型インボイスを使っていれば、機械的に納税額や仕入れ税額控除額が出て来るような体制を組んでおくことが出来た。免税事業者も、すっかりそれに慣れているのに、結局は課税事業者に変身することを迫られることになりそうだ。簡易課税制度慣れした事業者たちも、本格的なVAT方式への切替えと複数税制への対応という二つの新しいことに対応しなければならない。そして、免税事業者も簡易課税制度適用事業者も、手元に残って行くことを当然視して来たかもしれない益税というおまけ収入と決別しなければならない。最終的には大いなる不便を被ることになったと言わざるを得ないだろう。

④の漏洩防止については、もはや、多言を要しない。免税制度と簡易課税制度の二つの特別措置が生み出して来た益税効果によって、納税されるはずだった資金が国庫に入らず仕舞いになって来た。前述の通り、その額は年間5000億円とも6000億円とも推計されている。この実態について報告を受ければ、大先生は日本版消費税に対して直ちに、そして満身の力を込めて不合格判定を下すだろう。

つまりは、日本版消費税はスミス先生が提示された租税全般のあるべき姿に関する原則にことごとく反している。となれば、先生が消費課税に関して特定した二つの条件との関係での合否については、もはや、敢えて判定するまでもない。そのように考えてもいいところではある。だが、せっかく先生が消費課税に焦点を当てた問題提起をして下さっているのであるから、ここは、やはりそこにフォーカスして日本版消費税に判定を下しておきたいところだ。

消費課税は迂回所得税機能を持つべし。これが大先生による消費課税の第一要件だ。そして、日本版消費税にこの機能がないことは明らかだ。そのような発想がなかったからこそ、日本版消費税は、一律3％という「広く浅く」方式でスタートを切った。そういうことだろう。迂回所得税効果を狙っていたのであれば、当初からメリハリをつけた税率設定になっていたはずである。

第二要件の生活必需品と賃金との関係にいたっては、まったく日本版消費税構想の眼中に入っていない。そもそも、何をもって生活必需品とみなすかという点についても、日本版消費税の設計者たちは、スミス先生の足元にも及ばない。前章でご覧いただいた通り、スミス先生は、生活必需品の定義は社会の特性によって異なると言っている。ところ変われば生活必需品も変わる。徴税当局はそのことを感じ取るデリカシーを持って租税体系を設定しなければいけない。そのように言っている。日本版消費税の下で打ち出された軽減税率のどこに、そのような考慮が施されているか。食品というジャンルにさえ軽減税率を適用すれば、それでこと足りる。その程度の感覚しか持ち合わせていない。それが、日本版消費税の設計者たちのようである。

かくして、日本版消費税は経済学の生みの親が設置されたいずれのレベルのハードルも、クリアすることが出来ない。こうなってしまうのも、要は、日本版消費税の設計者たちが、自分たちが何のために国民から税金を徴収させていただくのがわかっていないからである。彼らの徴税認識、そして徴税倫理がしっかりしたものにならない限り、いかに制度をいじくり回しても、日本に世のため人のためになる消費課税の世界が到来することはなさそうである。

第5章

どこへ行く、日本の租税と財政

人がなぜ税金を払うのかを探究する旅も、最終盤にさしかかり始めた。ここで道を踏み出し誤って迷路に踏み込んだり、見当違いの終着点に行き着いてしまってはまずい。それを避けるために、ここで、これまでの道のりを振り返っておきたい。

しぶとい租税会費説

旅の初めの一歩だった第1章では、税金を巡る現状をみた。そこでは、税金は会費だという考え方に挑戦状を突き付けた。税金は会員制クラブへの入会費でも年会費でもない。施設使用料でもない。税金はこれらのいずれでもない。したがって、高額納税者が特別待遇を受けたりすることはない。税金に見返りを求める考え方もおかしいということも確認した。この観点から考えた時、「ふるさと納税」という仕組みがいかに邪道かという確信も得た。こうして歩みを進める中で、次第に税金は自分のために払うものではなく、他者のために払うものであるという認識が深まった。この認識の行き着く先に、納税は無償の愛の表現なのだという発見があった。

旅の次のステップ、第2章では、租税の歴史探訪に出かけた。納税は、いつ頃から無償の愛の表現になったのか。このことの確認の旅となった。そして、この道のりが実に長いものであったことがわかった。

元祖、租税は強き者が自分のために弱き者たちから巻き上げるものだった。これほど、無償の愛から遠い立ち位置はない。この収奪型税制の時代が、実に長きにわたって続いた。収奪型税制からの脱却に向かって扉を押し開けたのが、ルネッサンスと啓蒙思想という二つの知の文明開化だった。中世という知の暗黒。その終わりの始まりを告げだのが、ルネッサンスだった。そして、啓蒙思想の知的輝きが暗黒を消し去った。こうして、収奪型税制の時代が終わり、自然権擁護型税制の時代の幕が開いた。

これで、租税の歴史は無償の愛の世界にぐっと近づいた。近づいたが、そこに到達したわけではない。なぜなら、自然権に基づく納税は、「すべての市民の間で、その能力に応じて平等に分担されなければならない。」（フランス人権宣言）とされていた。これでは、能力に応じて平等に納税を分担出来ない人々が排除される。無償の愛の表現としての納税は、まさしく、こうした租税分担能力なき人々のために、その能力を有する人々が分担するものだ。これが社会福祉の基本理念だ。この理念を世界が共有するにいたるには、20世紀の到来を待たなければならなかった。

問題は、21世紀となった今、この基本理念がどこまで理解され、どこまで貫かれているかである。租税会費説は、実は驚くほど根強く世界津々浦々の人々の認識の中に残留している。ともすれば、この考え方が人々の認識の表面に顔を出して来る。そして、生活保護受給者に対して受給に「ふさわしい」ことの証明を求めたり、納税とお買い物の混同をもたらしたりする。

消費課税は転嫁が肝

　この辺りまで突き止めたところで、この旅は消費課税の世界に踏み込んだ。第3章で、まずは消費課税とはいかなる仕組みの課税の仕方なのかを整理した。そこでは、消費課税の体系が実に大きな広がりを持つものであり、実に様々なスタイルの課税方式があることを発見した。消費課税の体系をみれば、この課税方式の歴史も同時にわかる。そのように言えるだろう。そして、その一つの到達点として、「多段階式付加価値税」というものがある。欧州では、概して早い時期からこの方式が採用されている。それが、いわゆるＶＡＴである。この方式の消費課税において、本質的な重要性を持つのが「転嫁」の概念だ。

　付加価値税は、流通の各段階で、納税者と租税負担者が異なる。卸売業者Ｂがその前段階の業者Ａ（製造業者あるいは他の卸売業者など）から商品やサービスを購入する時、ＢはＡの販売価格に上乗せされた付加価値税をＡに支払う。Ｂから付加価値税を受け取った

Ａはこの分を税務当局に納める。つまり、Ａは納税者だが、この付加価値税の支払い負担者はＢである。こうして、納税者が自分が納税する付加価値税を自分の販売額に上乗せして流通の次の段階に受け渡す行為が「転嫁」である。

Ｂが小売業者Ｃに商品を販売する時、Ｂはその販売価格に相応の付加価値税を上乗せ、つまり転嫁する。Ｃから受け取った付加価値税を、Ｂは税務当局に納める。つまり、この場合の納税者はＢである。だが、その負担者はＣである。なお、Ｂが納税する時、ＢはＡに対して自分が支払った付加価値税分を、自分がＣから受け取った付加価値税額から差し引いて納税する。これが仕入れ税額控除だ。これをしなければ、税務当局の手元には、既にＡから受け取り済みの付加価値税がＢの納税額の中にも含まれた形でまた入って来てしまう。税金の二重取りになる。こうなってしまうことを租税の「カスケード効果」という。税金オン税金状態となって税の累積が生じることをこのように言う。これを回避するために仕入れ税額控除が行われる。仕入れ税額控除が行われることで、流通の各段階における納税額は当該段階で新たに発生した付加価値に対する課税としての性格を持つことになる。ここから「付加価値税」というネーミングが生まれた。

小売り業者Cが消費者Dに商品を販売する時、Cはその販売価格に相応の付加価値税を上乗せ、すなわち転嫁する。CはDから受け取った付加価値税分を税務当局に納める。納税者はC、負担者はDである。この時、Cは自分がBに支払った付加価値税額について仕入れ税額控除処理を行い、その上で納税を行う。こうして商品が最終消費者の手に渡った時、付加価値税の転嫁プロセスが止まる。

ここで注意しておくべきことは、転嫁プロセスが続いている限り、誰にも実質的な租税負担は発生しないということである。納税義務者が納税する付加価値税は、自分の販売額にあらかじめ上乗せしておいたものだ。ケーキの上にのっけたデコレーションである。デコレーションを外しても、ケーキの大きさは変わらない。仕入れ時に支払った付加価値税相当分は、仕入れ税額控除処理によって税務当局に届けるデコレーションからあらかじめ削り取るので、支払ってはいても実質的に負担しているわけではない。つまり、転嫁と仕入れ税額控除がセットでしっかり行われている限りにおいて、付加価値税は企業の収益に影響を及ぼさない。ここが肝心なところだ。

商品が最終消費者Dに到達した時、何が起こるか。最終消費者は付加価値税込みの価格で商品を購入する。つまり、Dは付加価値税をCに支払っている。だが、Dはこの付加価値税の納税義務者ではない。納税しないのであるから税金の二重払いが発生する余地はなく、仕入れ税額控除は出来ない。最終消費者なのであるから、購入した商品を付加価値税を転嫁した形で転売することはない。かくして、最終消費者の段階に来たところで、初めて、付加価値税の実質負担が発生する。

大先生の租税観と肝抜きで始まった日本の消費課税

以上の消費課税の概要と多段階式付加価値税の仕組みを押さえた上で、第3章の後半ではまたしても歴史探訪に出かけた。経済学の生みの親、アダム・スミス大先生にお目にかかって、先生の租税観と消費課税に関する考え方を学ぶためである。

ここでも、多くの発見があった。人はなぜ税金を払うのかという問いかけに対して、先生は基本的に二つの回答をご提示下さった。一に国防、二に君主の権威発揚である。一については、今なお租税に関する一つの通念だ。二についても、君主の威厳は国民の威厳だと考えれば、一応、筋は通る。君主が偉そうな顔が出来たり、煌びやかに装うことが出来ることは、一種のソフトパワーだと言えないことはないだろう。それを確保するために、国民が納税という形でコストを負担するというのは、好みの問題はさておき、ひとまず、一定の合理性がある立論だ。

いずれにせよ、重要なことは、先生が人はなぜ税金を払うのかという問いかけに対してきちんと回答を提示してくれていることである。国家や君主には、なぜ税金を取るのかということについて説明責任がある。先生は、そのように考えておいでだったわけである。これは収奪型税制の考え方とはラジカルに違う。収奪型税制の時代において、強き者たちは問答無用で弱き者たちから租税をむしり取った。支配者は、その支配力を保持するために被支配者から租税を召し上げる。彼らはそのことに何の疑念も感じていなかった。だが、スミス先生が経済学を産み落とした時点では、租税に関する世の中の受け止め方が大きく変わっていたのである。

啓蒙主義の時代が進行する中で、君主は支配者ではあるが、それと同時に、国家の管理人としての責務を負う者でもあるとみなされるようになった。納税は、この管理者に国民が支払う手数料としての性格を帯びるようになったと言ってもいいだろう。この大いなる変化が、経済学の生みの親の論理展開と語り口の中にはっきり現れている。

人はなぜ税金を払うのかについて見解を示した上で、大先生は租税が満たすべき四つの条件を提示していた。①応能負担、②恣意性排除、③利便性確保、④漏洩防止である。これらの条件を打ち出した上で、先生は消費課税についても言及していた。新しいタイプの税金だと考えられがちの消費課税だが、経済学の生みの親の時代に既にして試みられていたことだったのである。面白いことに、大先生は消費課税を人々の所得をしっかり把握出来ない徴税人たちの苦肉の策だとみなされていた。

面白いだけではない。これは実に重要な見解だ。大先生は、消費課税を納税者たちが本来納めるべき所得税の代理変数として位置づけたわけである。つまり、人々が納める消費税は、その所得状況を反映していなければいけない。つまり、応能負担の原則に合致していなければならない。大先生はそう考えていたのである。

大先生は、消費課税についてさらに実に注目すべきことを言っていた。それは、生活必需品に関する消費課税には、それに見合った賃金上昇が伴わなければならないということである。そうでなければ、働く人々は生活が維持出来ないと指摘している。

所得税の代理変数としての消費課税。生活必需品への消費課税には連動的な賃金上昇が伴って当然。経済学の生みの親が提示したこれらの考え方は、現代の徴税当局が重く受け止めるべきものだ。この思いを噛み締める中で、第二の歴史探訪からの帰還の時を迎えた。

続く第4章では、今の日本における消費課税の状況に着目した。そこでは、日本版消費税の制度設計がいかに変則的なものであるかということを発見した。多段階式付加価値税であるはずなのだが、その土台であり要であるはずのＶＡＴ対応型インボイス方式の導入を見送った。そのため、多段階式付加価値税制度の根幹中の根幹である転嫁の原則が原則ではなくなった。原則ではなく、「予定」という曖昧概念に切り替わってしまった。さらには、免税制度と簡易課税制度という二つの特例措置が設けられた。そのために、益税という実に奇怪な棚ぼたガネが出現した。

現状において、日本版消費税は消費税と名乗ることが出来るための条件をほぼ全面的に満たしていない。そう言っても過言ではないということを第4章で発見した。実際に、スミス先生の租税観に照らしても、日本版消費税は明らかに不合格税制であることが判明した。

知の文明開化抜きで始まった日本の近代税制

日本版消費税がこのような体たらくを示しているのは、要するに、日本の徴税者たちが自分たちがなぜ税金を徴収するのかがわかっていないからだ。税務を扱う張本人たち、そして、租税政策を担う政治家たちが、人はなぜ税金を払うのかについて理解していない。確信を持っていない。だから、税金を徴収することを怯む。消費課税という新しい取り組みに挑む姿勢が定まらない。ここまで考え進めたところで、本章に足を踏み込んだ。

なぜ、こういうことになるのか。日本には、なぜ、無償の愛の表現としての納税の概念がしっかり浸透して来なかったのか。租税会費説をなぜ超えることが出来ていないのか。納税と徴税に関する正統的で近代的な哲学、すなわち、まともな納徴税理念というものを、日本に定着させることは出来るのか。

まともな納徴税倫理が根づいていない理由は、日本の近現代史の中に潜んでいる。筆者には、そのように思える。まず、文明開化を宣言しながら、明治の日本は租税概念の変化をもたらした二つの知の文明開化を身を以っては体験しないまま、近代に滑り込んだ。ルネッサンスも啓蒙主義も市民革命も、日本はリアルタイムで実体験したわけではない。伝え知るに止まっている。

むろん、当時の日本に啓蒙思想家がいなかったわけではない。福沢諭吉、森有礼、徳富蘇峰。名だたる論者たちが出現した。だが、何しろ、この時の日本は欧米列強による植民地支配を免れることに必死になっていた。強い近代国家に変身することが喫緊の課題であった。どうしても国家主義が前面に出る状況下にあった。富国強兵。殖産興業。立身出世。これらのスローガンが飛び交う中で、知の文明開化は後景に退くことを余儀なくされた。租税制度についても、もっぱら富国強兵・殖産興業の財源手当ての手段として位置づけられていたと考えられる。

当時のそうした時代環境が、実に面白いところに滲み出ている。それがあの『国富論』のタイトルを巡る変遷だ。

スミス先生の『国富論』の原題は“An Inquiry into the Nature and Causes of the Wealth of Nations”である。省略形で“The Wealth of Nations”と通称されている。ここで nation という言葉が使われていることは重要だ。Nation は「国民」の意だ。「国家」ではない。「国民国家」を nationstate という。Nation は国民という名の人間集団を指している。State は国家という名の機関を指している。「国富論」は nations に関する inquiry（問いかけ・調査）であって、states に関する inquiry ではない。スミス先生は国家の富に関心を抱いたわけではない。あくまでも国民すなわち人々に目を向けていた。

このことを正しく受け止めて、『国富論』のフルネームの邦題も、『諸国民の富の性格と原因についての研究』となっている。その短縮形として、いまや『国富論』がすっかり定着している。ところが、明治半ばに初めて本書の邦訳が出版された（石川暎作・嵯峨正作訳）際、そのタイトルは、何と「富国論」になっていたのである。明治日本の国家主義をそのまま本にしたようなネーミングだ。いかにすれば、御国の富を増強出来るか。まるで、それを指南してくれる教本のごとしである。

啓蒙主義の筆頭論者の一人だったスミス先生がこのことを知ったら、さぞや、天国から大音声の叱責をとどろかせることだろう。人々の富に関する研究の書に「富国論」という題名をつけてしまう心理の下では、自然権擁護型租税制度が芽吹くはずはない。いわんや、無償の愛の証としての納税にいたる道は通じない。

「富国論」が「国富論」に改められたのは、１９２５年（大正14年）のことだ（竹内謙二訳）。富国強兵の明治からデモクラシーの大正になって、初めてこの改題が行われたというのも、なかなか示唆的だ。

ただ、実をいえば「国富論」にもまだ問題はある。原題の短縮形が“The Wealth of Nations”なのであるから、邦題の短縮バージョンも「諸国民の富」とするべきだろう。どうしても三文字タイトルで行きたいなら、せめて「民富論《みんぷろん》」としてもらいたいところだ。「そんなのわかりにくくて却下！」という編集者の声が聞こえてきそうだが。

ただ、筆者は授業で受講生の皆さんに「今は何富論の時代だと思いますか？　あなたの

『〇〇富論』は？」と聞くことがある。すると、「民富論」が結構出て来るので、言下に一蹴するのは思い止まってもらう余地があるかもしれない。

筆者は、人類が「僕富論」から「君《きみ》富論」の時代へと進化して行くことを熱望している。「僕富論」は僕ちゃんの富が増えるためなら何をしてもいいという「自分さえ良ければ主義」である。「君富論」は君の富が増えるためなら何でもしてあげようという「あなたさえ良ければ主義」である。人々が人種を越えて、国境を越えて「君富論」で手を差し伸べるようになれば、そこは地上の楽園だ。思えば、「君富論」の世界こそ、無償の愛の世界だ。そこにおいては、納徴税理念も完璧なものとなるだろう。

戦後日本の私的公助と公的公助

完璧な納徴税理念が根づいて来なかったもう一つの要因が、戦後復興発展期の日本の経済社会の体質の中にあるように思う。あの当時の日本は、一丸となって経済社会の再建に挑んでいた。日本経済が、最も成長することを必要としていた時期である。経済は、いつでも、いつまでも、いかなる場合においても成長することを必要とするわけではない。

経済活動が無条件で成長を必要とする場面は二つだ。一に、これからすべてが始まろうとする時。二に、それまでのすべてを失った時だ。戦後間もない日本がまさに後者の場面を迎えていた。橋を架け直し、道路を開通させ、工場を建設し、重化学工業を稼働させる。これらの投資活動にヒト・モノ・カネを投入することで、雇用が生まれ、所得が上がり、生活基盤が立て直されて行く。

このプロセスに多大なる貢献を果たしたのが、日本的経営の下に形成されたサラリーマン社会だ。日本的経営下のサラリーマン社会は、いわば私的な公助システムだ。年功序列で終身雇用。滅多なことでは路頭に迷うことのない仕組みになっている。限りなく完全雇用に近い状態が保障されている。社宅がある。福利厚生が確保されている。しかもその上、労働運動にもなかなかの活力がある。サラリーマン社会の一員である限り、私的公助の世界に守られている。本当の公的公助のお世話にならなければ済まない場面は滅多に生じない。

こうした社会環境の中では、人はなぜ税金を払うのかについて、人々はあまり考える機会がない。おまけに、日本的経営下のサラリーマンたちは、徹底した所得税源泉徴収の仕組みの中で生きていた。そもそも、税金というものそれ自体と生々しく向きあう場面があまりなかった。

自助・互助・公助。この三者の関係に関する認識が、戦後日本の経済社会の形成過程においてはある時期まできわめてあやふやな状態で推移した。このことが、明確な輪郭を持つ納徴税理念の認識形成を阻んで来たのではないか。

自助力なく、互助の支えもない人々のために公助がある。それが社会福祉という概念の基本骨格だ。ほかの「何助」もない人々にこそ、公助に頼る権利がある。万人に生きる権利がある以上、それが必要になった時に公助に頼る権利もまた、万人にある。この環境がいつでも保持されるようにするために、無償の愛の表現として、人は税金を払う。この図式が、戦後の日本においては実はこれまで一度もはっきり浮き彫りになったことがなかったのではないか。終身雇用の私的公助の世界に守られている限り、公的公助の有難みや重要性はわからない。だから、生活保護の受給についても、人々は誰がそれに「ふさわしい」のかを問いただしたくなってしまう。

問題は私的公助世界の住人たちばかりではなかった。公的公助の担い手たちの中にも、その担い手としての自覚が形成されてこなかった。誰もが終身雇用型経営という私的公助でお蚕ぐるみとなっている。それが通念となっている時代状況の中では、公的公助に本腰が入らなくても無理はない。建前的にやれ福祉国家だ、ソーシャル・セーフティネットだなどとお題目を唱えても、本音では、日本における社会福祉は民間に丸投げしておくのが一番だと考えて来た。これが実態だったとすれば、人はなぜ税金を払い、自分たちは何のために税金を取るのかということについて、確たる意識が形成されないままに来てしまっていても、不思議はない。

だが、今日の日本は一億総サラリーマン社会ではなくなっている。終身雇用も年功序列も、どんどん歴史物語化しつつある。何しろ、時の政権が「柔軟で多様な働き方」の推進に猛烈な勢いで力を入れる環境になっている。時代錯誤的な成長路線の歯車として、私的公助を失った人々をなるべく公的公助を手薄化した状態の中で御国のためにこき使おうとしている。まさに、「富国論」時代の再来だ。

実際に、安倍晋三首相は、「明治の日本人に出来て、今の日本人に出来ない訳はありません。」という言い方で、国力強化への国民の貢献を呼び掛けている（2015年通常国会冒頭の施政方針演説）。こうした政治的空気の中であるからこそ、国民側が公的公助の本当の意味と、納徴税理念の本当の神髄を自覚しなければならないのだと思う。

禁断の「MMT理論」

以上との関連で、今、とても気になることが一つある。それは、財政に関するいわゆる「反緊縮」論がグローバル経済のあちこちで市民権を得つつあるという点だ。この問題も、人はなぜ税金を払うのかというテーマとけっして無縁ではないと思う。

「反緊縮」論は、要するに均衡財政にこだわるのは愚の骨頂だという考え方だ。国々がデフレ状況から脱却したいのであれば、どんどん財政を拡張すべし。金融政策ばかりにデフレ脱却を任せておくから、異様なマイナス金利状態などが常態化してしまう。ここは財政の出番だ。どんどん、出動するように。こう主張している。

反緊縮論の一つでここしばらく注目を集めているのが「ＭＭＴ理論（Modern Monetary Theory：現代通貨理論）」だ。ＭＭＴ論者たちに言わせれば、大盤振る舞い財政に伴って国の借金が累積しても気にすることはない。通貨発行権を有する国々が自国の法定通貨建てで国債を発行している限りにおいて、返済負担のことなど心配しなくていい。財政破綻はけっして生じないから、どんどん借金をして財政需要の拡大を図るべきだ。法定通貨の価値は崩れないから、ハイパー・インフレにもならない。インフレ効果を気にして財政出動を遠慮することは無用だ。よしんばインフレ亢進の兆しがみえても、さらに国債を発行して余りガネを吸収してしまえばいい。ＭＭＴ論者たちはこのように言う。

これは実に無謀な議論だ。筆者はそう思う。なぜなら、ＭＭＴ理論は二つの条件が満たされることを前提にしないと、どう考えても成り立たない。条件その一が、前述の通り、法定通貨の価値はけっして崩れないということだ。その二は、中央銀行が常に政府の言いなりに国債を吸収するということである。

条件その一は幻想だ。実際には、歴史を通じて、そして今日においても、様々な国々で法定通貨の価値は崩れている。アルゼンチンなどはその国史の中で何度通貨危機に見舞われて来たかわからない。かつてのイタリア・リラやギリシャのドラクマなども然りだ。戦後に国際基軸通貨の地位についたアメリカ・ドルも、その王座を失った後、1970年代を通じてハイパー・インフレの連続攻撃に見舞われた。そこにいたる過程で、1960年代末には世界のドル離れが進んでドル危機が発生した。法定通貨は値崩れしないという想定は経済的現実に反している。

この幻想を現実にする方法は、一つしかない。強権発動である。法的規制によってインフレを封じ込めるしかない。財・サービスの値上げを禁止するのである。前述のアメリカのハイパー・インフレ期に、実際にこれが起こった。いくら金融引き締めを行ったりしても、物価と賃金の追いかけっこ的上昇に歯止めがかからない。そこである時期、物価・賃金の凍結指令を発動したのである。市場原理主義天国だと思われがちのアメリカだが、実はこんなことをやっていたのである。

条件その二は、中央銀行が独立性を失い、政府のための御用銀行と化することを意味している。とんでもない話だ。

要するに、MMT理論の二つの前提条件は、国家権力を絶対化しなければ成り立たない。経済ファシズムの確立が基本想定になっているのである。こんなとんでもない話もないものである。

ここで再び、アダム・スミス大先生のお姿が頭に浮かんで来た。アダム・スミスと言えば、「見えざる手」。これは、多くの方がご存じだ。『国富論』を見たことも開いたこともない方々にも、この言葉は結構知られている。それだけに、独り歩きする中で、尾ひれがつきがちだ。「神の見えざる手」、あるいは、「市場の見えざる手」などという風に変貌して行く。

だが、オリジナルは、単なる「見えざる手」だ。この表現を通じて、大先生はけっして市場原理がオールマイティだと言っているわけではない。だからこそ、「市場の見えざる手」とはいわないのである。彼が本当に言いたかったのは、「見える手は退去せよ」ということだ。政府や権力の見える手がしゃしゃり出て誘導せずとも、人々はその内なる見えざる手に導かれて世のため人のためになる選択をし、それに従って行動する。大先生はこれを言いたかったのである。

このような考え方を持つ大先生にMMT理論を紹介申し上げたら、なんとおっしゃるだろう。不況下に財政が出動して、需要を創り出す。この考え方は、『国富論』の当時にはまだなかった。だが、説明すれば、大先生もこのやり方自体には理解を示してくれるだろう。しかしながら、野放図な大盤振る舞い財政を通じて、国家の見える手が四方八方に向かって伸び出て来ることには、強い拒否反応を示すだろう。しかも、このやり方に持続性を持たせるためには、強権体制を確立する必要があるとなれば、激怒されるに違いない。ファシズムの見える手が生み出す富など、富にあらず。毒物だ。そう叫ばれるに違いない。

双子の赤字を生んだ「レーガノミクス」

前述の通り、ＭＭＴ理論の１番目のＭは modem のＭだということになっている。だが、筆者には、このＭが mad のＭに見えてしまう。敬して遠ざけたい。敬さずして遠ざけた方がいいかもしれない。

もっとも、ＭＭＴ理論ほど mad でなくても、反緊縮的考え方は様々な形で従来から出たり消えたりしている。その一つが、かの「レーガノミクス」である。レーガン政権下で展開された財政政策である。安倍政権の「アベノミクス」（筆者的に言えばアホノミクス）がこのレーガノミクスのもじりであることはご承知の通りだ。レーガノミクスは別名「サプライサイド・エコノミクス」ともいう。経済の供給側を強化するための政策を展開するという発想を表現したネーミングだ。その柱となったのが「サプライサイド減税」である。

サプライサイド減税は、「ラッファー・カーブ」の考え方に基づいている。経済学者のアーサー・ラッファーがアメリカの政治家たちにこの曲線の図を紹介したので、この名前がついた。ラッファー・カーブは所得税率と税収の関係を示している。0％から出発して税率を引き上げて行けば、ある一定の税率水準に達するまでは税収が増える。だが、その一定水準を超えると、税収は逆に減って行ってしまう。だから、高すぎる税率は引き下げるべきだ。これがラッファー・カーブの考え方だ。

この考え方が、「経済の供給側強化」にどう結びつくのか。その理屈は次の通りだ。所得税率が高すぎると、人々はやる気をなくす。いくら働いて収入を増やしても、その大部分を税金で持って行かれてしまうのでは、勤労することに意味はない。人々がそのように考えるようになってしまうと、経済活動は停滞する。経済が停滞すれば、アメリカ経済の生産力は低下する。供給能力が小さくなってしまう。これを避けるには、高すぎる所得税を引き下げて、人々が意欲的に働く状態を復元しなければならない。人々がせっせと働くようになって経済活動が活発化すれば、税収も増える。供給力の強化と税収増を同時に実現出来る。サプライサイド減税は一石二鳥の妙手だ。

この発想に基づいて、最高所得区分に関するアメリカの限界所得税率は、レーガン政権下で70％から何と28％まで引き下げられたのである。その結果はどうだったか。アメリカ経済の供給力は強化されたか。所得税収は増えたか。二つとも否である。

レーガノミクスがもたらしたのは、別の二つのものだった。いずれも巨大な財政赤字と貿易赤字である。これらを人々はアメリカの「双子の赤字」と命名した。今日にいたるまで、この双子はアメリカ経済とともにある。

無償の愛の表現としての納税の観点からみれば、サプライサイド減税はいかにも筋が通らない。魂の経済学者、ジョン・ケネス・ガルブレイスもサプライサイド減税を金持ち優遇減税だと強く批判した。レーガン政権側は、サプライサイド減税で人々がやる気を出し、経済成長率が上がれば、それは低所得層にも恩恵を及ぼすと主張した。例の「トリクルダウン」の主張だ。だが、今も昔も、トリクルダウンは起こらない。これもまた幻想だ。

目指すは脱租税会費説の日

財政は健全指向であるべきか。拡張指向であるべきか。この論争は永遠の論争だ。だが、なぜそうなのか、筆者にはわからない。財政は健全指向がいいに決まっている。その上で、経済状況に応じて臨機応変に動く。それが政策というものの仕事だ。様々な状況に柔軟に対応出来ること。そして、その柔軟な動きが大きな歪みや波乱をもたらさないこと。これが肝要だ。そして、この肝要なポイントを常に押さえられるためには、通常の状態が健全でバランスが取れていなければいけない。

このように考えれば、財政はゆとりのある状態に保っておくことが基本だろう。一朝有事対応で借金をすることになっても、一方で貯金があればすぐに返せる。要は我々の家計と同じだ。一方で貯金がなければ、ローンは組まない。それが健全対応である。

国の財政を家計と重ねて考えるのは誤りだ。そう主張する論者は多い。だが、本当にそうか。筆者にはそうは思えない。世のため人のために機動的に動ける財政は、常に健全な基盤の上に立脚していなければならない。そうではないのか。

無償の愛の証としての税金をしっかり押しいただいて、皆さんから頂戴する。その成果を弱者救済のためにしっかり使う。この発想に徹していれば、財政は経済活動に対する外付け装置として有効に機能出来る。ファシズムの経済学に立脚しようとするような奇妙でダークな反緊縮論などが頭をもたげる余地は発生しない。

徴税人たちは、もっともっと租税を勉強することが必要だ。その歴史、その哲学、その理念。人はなぜ税金を払うのか。自分たちはなぜ税金を徴収させていただくのか。これらのことにに関する揺るぎなき確信に基づいて仕事をして欲しい。日本の財務省のホームページが書き換えられて、そこから租税会費説が消える日を待っている。

今こそ無償の愛の時

本書のゲラ作成が進行している中で、新型コロナウイルスによる感染症が襲って来た。今こそ、経済活動に対する外付け装置である財政が、柔軟にダイナミックに出動すべき場面だ。人々の無償の愛の証である税金は、このような時こそ、人々のために機動的に有効活用されなければならない。そして今、改めて強く確信する。平時において、財政は間違いなく健全状態を保持していなければならない。そうであれば、今この時、政治と行政はアレコレ悩まずに国民のために奉仕することが出来る。

経済政策に託されている使命は二つある。一に均衡保持、二に弱者救済である。経済政策は、経済活動が大きく均衡点から遠ざかることを避けることに注力しなければならない。なぜなら、経済活動の均衡が崩れると、たちどころに弱者たちが窮地に追い込まれる。彼らの生命が危機にさらされる。それを阻止するために、経済政策は均衡保持に全力を傾けなければならないのである。あらゆる人間の生存権を守る。特に、公助なしには生きて行けない弱者たちの生存権を守る。それが経済政策の責務だ。経済活動が人間の営みである以上、この原則に揺るぎはない。経済的均衡の保持と弱者救済という二つの使命は、言葉の最も正確な意味合いにおいて表裏一体なのである。以上のことが、今ほど明確になったことはなかったと思う。

今、経済活動の均衡は大きく崩れている。需要も供給も、均衡点が見えない縮小軌道を滑り落ちている。その中で、弱者たちの生活は一気に行き詰まっている。ここで、経済活動に対する外付け装置としての財政がやるべきことは、明らかだ。消えた民需を公儒によって埋める。供給力保持のために投融資による支援を行う。収入を失った人々に現金を支給する。支払い能力が低下した人々のための納税を猶予する。やるべきことは多々ある。

所得税も消費税も緊急減税が行われてもいいだろう。だが、その場合には、何のための減税なのかについて、政策責任者たちがしっかり認識していなければならない。目的はあくまでも弱者救済だ。だから、弱者の生活と生命の救済に最も有効な形での減税措置でなければならない。消費税減税で消費金額の大きい富裕層が潤ったりするようではいけない。

無償の愛の証たる税金に、この局面でその役割をいかんなく発揮してもらうにためには、むしろ、富裕層には臨時増税を受け入れてもらうことも考えられるだろう。思い切ってそれを持ち出すことが出来るためには、今こそ、徴税者たちが人はなぜ税金を払うのかを徹底的に理解しておかなければいけない。強く強く、そう思う。

あとがき

“To be or not to be” シェークスピアの大悲劇「ハムレット」の中のあまりにも有名な一節である。これをどう翻訳するか。「生きるべきか、死ぬべきか、」が最も定番的な訳だが、ほかにも様々ある。先生が be を使うからこういうことになる。もう少し具体性のある動詞を使ってくれればいいものを、先生もお人が悪い。だが、漠たる be だからこそ、この一節が人々の心に響く。一度みたら、一度聞いたら忘れないこの名文句。be の威力だ。

少々恐れ多いが、この名文句をもじらせていただいて、“To tax or not to tax” と言ってみたらどうだろう。「税金を取るべきか、取らざるべきか。」悩ましい問題ではありそうだが、翻訳に迷うことはないだろう、そのように思われるかもしれない。だが、存外にそうでもない。これを「負担させるべきか、させざるべきか。」と訳すことも出来る。「追求すべきか、せざるべきか。」とか、「迫るべきか、迫らざるべきか。」などというのもあり得る。「困らせるか、困らせないか。」などという意訳もあり得そうだ。

tax という言葉には、こうした一連のニュアンスがある。“Tax my brain” と言えば、自分の頭脳に負担をかけることを意味する。必死で知恵を絞る感じである。"This is a taxing problem." と言えば、「これは厄介な問題だ。」とか「これは難題だ。」などという意味になる。

本書の執筆も、筆者にとってなかなかの難題だった。大いに我が brain を tax するテーマに挑んでしまったと思う。むろん、どんなテーマでの執筆も brain taxing であることは間違いない。だが、ｔａｘに関する今回の執筆は、ことのほか taxing だったように思う。それだけ、実に多くのことを学んだ。この機会を与えて下さり、しかも気が遠くなるほどに辛抱強く仕上がりをお待ち下さった東洋経済新報社の岡田光司さんにはどれほど深く感謝しても感謝したりない。そして、本書の重要な基礎工事部分を丹念に構築していただいた久保田正志さんにもひたすら深謝申し上げたい。

２０２０年3月末日

浜　矩子

【著者紹介】
浜　矩子（はま　のりこ）
1952年、東京都生まれ。一橋大学経済学部卒業。三菱総合研究所初代英国駐在員事務所所長、同社経済調査部長などを経て、2002年より同志社大学大学院ビジネス研究科教授。専攻はマクロ経済分析、国際経済。主な著書に『小さき者の幸せが守られる経済へ』（新日本出版社）、『「通貨」の正体』（集英社新書）、『新・通貨戦争』（朝日新書）、『新・国富論』（文春新書）、『グローバル恐慌』（岩波新書）などがある。

人はなぜ税を払うのか
超借金政府の命運

2020年5月28日発行

著　者――浜　矩子
発行者――駒橋憲一
発行所――東洋経済新報社
〒103-8345　東京都中央区日本橋本石町 1-2-1
電話＝東洋経済コールセンター　03(6386)1040
https://toyokeizai.net/

装　丁…………秦　浩司
D T P…………アイシーエム
編集協力………久保田正志
印　刷…………東港出版印刷
製　本…………積信堂
編集担当………岡田光司
 Printed in Japan　ISBN 978-4-492-61063-3